星辰为引
博雅知行

北京大学2023届
毕业生代表发言精选

北京大学学生工作部 编

宁琦 主编

北京大学出版社
PEKING UNIVERSITY PRESS

图书在版编目（CIP）数据

星辰为引，博雅知行：北京大学2023届毕业生代表发言精选/北京大学学生工作部编；宁琦主编.—北京：北京大学出版社，2023.10

ISBN 978-7-301-34573-3

Ⅰ.①星… Ⅱ.①北… ②宁… Ⅲ.①北京大学—毕业生—演讲—文集 Ⅳ.①G649.281-53

中国国家版本馆CIP数据核字(2023)第195115号

书　　　名	星辰为引，博雅知行——北京大学2023届毕业生代表发言精选 XINGCHEN WEIYIN, BOYA ZHIXING——BEIJING DAXUE 2023 JIE BIYESHENG DAIBIAO FAYAN JINGXUAN
著作责任者	北京大学学生工作部　编　宁　琦　主编
责 任 编 辑	韩月明　董郑芳
标 准 书 号	ISBN 978-7-301-34573-3
出 版 发 行	北京大学出版社
地　　　址	北京市海淀区成府路205号　100871
网　　　址	http://www.pup.cn
新 浪 微 博	@北京大学出版社　　@未名社科-北大图书
微信公众号	北京大学出版社　　北大出版社社科图书
电 子 邮 箱	编辑部 ss@pup.cn　总编室 zpup@pup.cn
电　　　话	邮购部 010-62752015　发行部 010-62750672 编辑部 010-62753121
印 刷 者	北京中科印刷有限公司
经 销 者	新华书店
	880毫米×1230毫米　A5　6.125印张　113千字 2023年10月第1版　　2023年10月第1次印刷
定　　　价	59.00元(精装)

编委会

序　言

　　2018 年 5 月 2 日，在北京大学建校 120 周年校庆日即将来临之际，习近平总书记来到北京大学考察调研，深刻阐明了建设中国特色世界一流大学的三项基础性工作，指出"高校只有抓住培养社会主义建设者和接班人这个根本才能办好，才能办出中国特色世界一流大学"，并向北大学子和广大青年提出了"爱国、励志、求真、力行"的四点希望。

　　多年来，北京大学牢记总书记嘱托，全面落实立德树人根本任务，紧密对接国家战略需求，按照"德才兼备、体魄健全"的培养目标，积极推进"五育"并举和"三全"育人，积极探索构建拔尖创新人才培养的北大模式，走出了一条建设中国特色世界一流大学的新路。一批批堪当民族复兴重任的北大毕业生从校园走向祖国的广阔河山，用青春芳华和忠诚热血生动诠释了北大人的使命和担当。

　　2023 年是习近平总书记考察北京大学 5 周年和北京大

学建校 125 周年。这个夏天，15 000 余名北大毕业生顺利完成了学业，即将开启新的人生旅程。为深入学习贯彻总书记"5·2"重要讲话精神，扎实推进习近平新时代中国特色社会主义思想主题教育，发挥优秀毕业生在广大青年学子中的示范引领作用，展现新时代北大青年奋发向上的精神面貌，北京大学学生工作部面向全校遴选学生代表在毕业典礼上的发言稿，整理出版了这本《星辰为引，博雅知行——北京大学 2023 届毕业生代表发言精选》。

这是一本毕业生的"集体回忆录"。大学时光是最美好的青春年华，这本书里记录了新时代北大人不平凡的青春记忆：他们在新中国成立 70 周年之际再次喊响"团结起来，振兴中华"的时代强音，在抗疫斗争中不断淬炼"敢于担当，勇于奉献"的精神品质，在党的百年华诞时发出"请党放心，强国有我"的铿锵誓言，在北京冬奥会志愿服务中展现"冰新一代"的昂扬风貌，在世界大运会火炬传递的首站跑出青春风采。北大"爱国、进步、民主、科学"的精神薪火在他们手中接力传承，每一张青春面庞都以蓬勃的朝气不断为北大注入新的活力。

这也是一本毕业生的"青春航海图"。在这些毕业发言中，我们能看到同学们在大学生涯中探寻青春价值的感悟，更能看到他们在学思践悟中收获的对民族、国家和世界的体认与思考。他们之中，有人在课堂内外的学习实践中找寻到"人与人的联结""个体与历史的联结"以及"民族与世界的联结"的重要意义，坚定了把小我融入祖国大我、人民大我的初心和信心；有人不断打破思维和知识的疆界，最终找到了"我想要成为怎样的人？"这一问题的答案；还有人在漫长而曲折的科研过程中找到"相信"的力量，厚积薄发、行之愈坚。读这本书，就是在与北大青年同行，见他们之所见，想他们之所想。

这更是一本毕业生的"未来畅想曲"。蔡元培先生曾说："教育者，非为已往，非为现在，而专为将来。"从北大毕业后，同学们或扎根乡野、远赴边疆，扛重担、打硬仗、涉险滩，到基层磨砺、在一线成长；或投身市场、创新创业，把自己的本领、创造力和想象力转化为经济社会发展新动能；或深耕学术、坚守科研，坐冷板凳、啃硬骨头，继续探索人类知识的边界；或植根祖国、放眼世界，坚定文化自信，讲好中国故事，向世界展示更加真实、立体、全面的中国……在他们的故事里，我们能看到北大青年面对未来的昂扬与豪迈。无论身处何地，他们都有一个共同的目标：以青春之我、奋斗之我，为民族复兴铺路架桥，为祖国建设添砖加瓦。

习近平总书记曾对青年朋友们说："时间之河川流不息，每一代青年都有自己的际遇和机缘，都要在自己所处的时代条件下谋划人生、创造历史。"新时代的北大青年身处中华民族圆梦复兴的新阶段，全面建成社会主义现代化强国的答卷将由这一代青年人书写，国家和民族的需要就是青年人的人生坐标。

今年，在中国科学院国家天文台的支持和帮助下，国际天文学联合会将一颗小行星命名为"博雅星"。学校专门制作了"博雅星"主题纪念品，作为 2023 届毕业生的专属毕业礼物。希望 2023 届北大毕业生发扬博大雅正的精神气质，如博雅星辰般纯粹且坚定，怀抱梦想又脚踏实地，敢想敢为又善作善成，汇聚微火星光，继续书写奋进中国的精彩篇章。希望校园里的青年学子从这本书中收获激励和鼓舞，牢记"爱国、励志、求真、力行"的殷切嘱托，孜孜不倦、信念如山，做"强国有我"的新青年。希望奋斗在世界各地的北大人珍藏未名湖畔、博雅塔下的美好记忆，永葆赤子情怀和实干精神，在广阔的舞台施展才干，在壮丽的山河建功立业，在奋进的时代奏响北大人的胜利凯歌，共同实现民族复兴的伟大梦想。

本书编委会

2023 年 8 月

目 录

问少年心事

用青春完成作业

眼底未名水

胸中黄河月

问少年心事

暂别燕园，直面人生的风雨

刘志扬

（地球与空间科学学院博士研究生）

尊敬的各位老师、各位校友，亲爱的同学们：

大家好！我是地球与空间科学学院博士研究生刘志扬。非常荣幸作为毕业生代表进行发言。首先请允许我代表全体毕业生向学校所有的老师致以最崇高的敬意和最衷心的感谢。如果说在过去的几年里我们有什么称得上是成果的东西，那无一不是在你们的指导和帮助下取得的。

到今天这个要说再见的时刻，我已经在北大度过了9年时光。小时候我经常搬家，长大后又外出求学。不知不觉间，北大已经成了我待过时间最长的地方。9年的时间让我对燕园里的一花一木都非常熟悉，甚至在离京归来走进东门的时候都会产生一种放松的感觉，我会在心里默默说一句："回家了。"

这种回家的感觉来自北大为我遮风蔽雨。在过去的几年里，燕园之外难以说得上平静。一场突如其来的新冠疫情，打乱了我们原本正常的学习生活。幸运的是，学校从上到下齐心协力，努力将这些风雨挡在了校园之外。在去年疫情最严重的时候，学校采取了较严格的进出校措施，而实验室位于东门外，我面临无法正常开展研究工作的问题。正在我焦躁不安之时，学校采取了相关措施，在保证防控的前提下，想方设法开通了前往实验室的通道，并反复优化程序，尽可能减少老师和学生的不便。我也因此得以继续进行科研工作，从而在今天能够顺利毕业。在此，我要向所有为此日夜付出的教职工和同学说一声谢谢！

在北大，我也懂得了为别人付出的道理。近十年间，我国航天和深空探测事业蓬勃发展。从"嫦娥"探月、"祝融"探火、"羲和"逐日，再到空间站巡天，我们不断触摸更高更远的太空。"上九天揽月"已不再只是豪言壮语，而成为一个现实。作为一个空间科学方向的学生，在前辈师长们令人惊喜的成就背后，我也看到了他们辛苦的付出。空间探测是"功成不必在我"的典型体现，一个大型空间探测任务从提出、论证、立项到最后执行总是要经历长达十几年甚至几十年的时间，在此期间，参与任务的科学家和工程师为了实现目标夜以继日地工作，到项目关键节点，"白加黑""五加二"的工作模式甚至都是常态。但是，由于任务周期太长，很多人在相当长的时间里都享受不到自己付出应有的回报，甚至有人都看不到项目的最终完成。

作为一个新人，在了解到空间科学研究的这些特点和艰苦之时，我的第一反应是逃避，毕竟难以忍受不成比例的付出是人之常情。但在一次课堂上，一位老师偶然给我们讲起了他最近正在推进的一个探测任务，并提到即使项目顺利进行，飞船真的到达预定位置也得在三十多年后。他说："到那个时候，可能很多在今天为这个任务而努力的人都无法继续工作了，甚至有的人都等不到目标实现的那一天。所以这个项目的成果将由你们来收获。"这一番话中，那种毫无保留的真诚深深地触动了我。虽然可能看不到自己的心血"开花结果"，但前辈老师们依然选择数十年如一日地工作，因为他们知道后面会有人接手自己的工作，因自己的付出而有所收获。的确，一项伟大事业需要几代人继往开来地奋斗。这就像一场长跑接力赛，需要一棒接一棒地跑下去。在那之后，我不再抱怨，而是坚定地认真学习专业知识，磨砺自己的专业技能，并在老师们的带领下参与各项实际任务。我期望有一天我能接过老师传过来的接力棒，努力地跑完自己那一程，然后把接力棒交给下一位。

在燕园的时光是美好的，因为有人为我们无私付出，为我们遮风挡雨。但我们终将走出这座园子，面对我们必须要面对的风雨。我相信，通过这些年在北大的生活与学习，我们已经具备了面对这些风雨的信念和知识技能。

最后，衷心祝愿 2023 届全体毕业生前程似锦！祝愿各位老师身体健康！祝愿母校蓬勃发展！祝愿祖国繁荣昌盛！

打破桎梏，创造未来

杨诗杰

（软件与微电子学院硕士研究生）

尊敬的各位老师、各位校友，亲爱的同学们：

大家好！

我是软件与微电子学院电子信息专业的硕士研究生杨诗杰。今天很荣幸能在这里和大家分享我与北大的故事。在北京大学这趟列车上，我们即将到达终点站，各自奔赴下一段旅程。首先，请允许我代表全体毕业生向辛勤培育我们的学校、师长表示最衷心的感谢。

回首过往，我感慨万千。无数个记忆的片段，逐渐浮现在我眼前。与很多同学不同，我曾在军队服役，在军队的几年，少了些放荡不羁、肆意江湖，多了些挥洒汗水、摸爬滚打。当年，与战车、枪炮为伍，与风雪、严寒相伴，执行过抗洪抢险任务，保卫人民群众的生命财产安全；也参加过各类军事演习，练就了应对现代战争的本领。

往事一幕幕，仿佛就发生在昨天。一路踏过荆棘、跨过险峰、历过磨难之后，内心深处的"北大梦"也逐渐苏醒，对北大的渴望也愈发强烈。

蔡元培校长说，北大"思想自由，兼容并包"；鲁迅先生评价北大是"常为新的"。我知道，这就是我要去的地方。所以，我带着摔打历练后的兵味，来到北大，在新的战场继续冲锋。

从全国纪律最严格的地方来到全国最自由的殿堂，从学习军事技术到学习人工智能，从在野外冲锋演习到在互联网公司研究算法……这一切现在看起来都有些让人难以置信，却实实在在发生在我自己身上。当初我刚拿到北大录取通知书时，对未来的生活充满了忐忑和不安。但当我真正走进北大，她却用一种温柔的方式迎接我的到来，让我感到熟悉而亲切，也赋予我未来更多的可能性。

北大极其包容，给予我足够的机会，独立我精神，自由我思想。教授们的气度、风范，渊博的学识，高尚的人品，无一不深深吸引着我。在这里，我不仅仅感受到尖端学术的魅力，更学到另眼看世界的方法。我在这样一个环境中被熏陶、被启发、被影响、被感染，慢慢地将北大精神感悟于心，以一个真正北大人的方式去学习，去生活，去面对未来。

在北大，我敞开心扉，张开双臂，与她深情相拥。

与此同时，我发现，专业课原来还有那么多深奥的问题，代码原来还可以这样运用。在努力跨专业学习的过程中，我也看到了曾经的自己：队列场上头顶烈日一站到底，射击场上精确瞄准、从容击发，野外大强度拉练路上汗水湿透"迷彩"……有过疲惫，有过困惑，有过迷茫，但我仍相信未来、一路坚持。夜半键盘的敲击声，是独属我的交响曲；笔尖磨纸沙沙作响，绘下科技兴国的新篇章。

2021 年 7 月 1 日，作为学生代表的我参加了庆祝中国共产党成立 100 周年大会，在天安门广场上高唱国歌之时，我内心感慨万千，深深地为自己是一个中国人、一个北大人而自豪。也深知，我们身处的时代，既有地区冲突、流行病肆虐、大国关系紧张等动荡因素，也有 ChatGPT、深空探索、算力倍增、人机耦合等科技发展。人类与机器、现实与虚拟、地球与太空、战争与和平……历史性地交织在一起。我们见证前所未见的变局，也深度置身于时代的洪流。作为北大人，我们肩负时代的责任。我们既要有勇气面对挑战，坚定地与国家同行，也要拥抱变化、拥抱世界，坚定地与时代共振。不论世界如何变化，我们都要勇于打破桎梏、创造未来。

今天，我们即将接过北京大学毕业证书，这是一份认可、一份鼓励，更是一份责任。时间的列车奔驰向前，带走了三年前青涩与稚嫩的自己，带走了三年倏忽而过的葱茏岁月，却带不走少年人的意气风发与激情满怀，带不走同窗挚友嗔痴笑闹里的美好情谊，带不走北大所赋予我们的自由之思想与独立之精神。我们会带着母校的教诲、带着老师们的殷切嘱托和美好祝愿奔向五湖四海，带着这份诚挚的希冀和最令人感动的师生情，凝聚起踔厉奋发、勇毅前进的青春力量，做有时代使命感和责任担当的高素质高标准人才。

鲜衣怒马少年时，不负韶华行且知。愿同学们不负初心、前程似锦！愿老师们学术长青、桃李满天下！愿母校百尺竿头，更进一步，永创辉煌！

认识自我，坚持热爱

曹艺舰

（中国语言文学系硕士研究生）

亲爱的老师们、同学们、校友们、家长们：

大家上午好！

我是中文系硕士研究生曹艺舰。非常荣幸能在这样一个隆重的场合，去回忆我们大学生活中的点点滴滴。

来到燕园是在8年以前，无数新鲜事物摆在我的面前，形形色色的专业，丰富多彩的社团，优秀无比的同学，无不使我眼花缭乱。从那时开始，我就一直被这样一个问题所困扰："我想要成为怎样的人？"我不断做出选择，又不断面临新的挑战，只为真正地认识自我。

终于，在步入研究生阶段，我渐渐地寻得一生所爱，那便是语言学研究。普通话、汉语方言、少数民族语、外国语，每一门语言或方言都不仅是人们日常交流的工具，也是不同社群思维与文化的珍贵载体。如果没有语言，现在的我也许只能在现场手舞足蹈，来努力表达我心中的情感。

　　不同于人们对人文学科的刻板印象，语言学的研究同样需要定量的计算与分析，为了弄清楚我家乡方言的声调问题，我开始主动去学习统计学、心理学、生理学和计算机科学的相关知识。我想，当我不再是被充满压力的生活和优秀的同辈推着向前，而是凭自己的热情主动迈开前进的步伐时，在那一刻，我开始明白我想成为怎样的人：我想要留存住不同语言的魅力；我想要在每次回到故乡时，听到乡音依然能露出灿烂的笑容；更进一步地，我想要让世界听到中国的声音，我希望汉语同样能让世界各地之人的嘴角浮现出上扬的弧度。在认识自我的路上，是热爱让我迈出了最初的一步，让我体会到了学科交叉的美妙之处。

　　当然，不光是语言学，任何学科都是如此——在构成学术价值的系统中，没有任何一个项目是孤立的，我们试图在自己的研究领域中尽可能地钻研，却也同样需要拓展自己思维与知识的疆界。幸运的是，在自由的北大，我接受到最好的通识教育。尽管在这一过程中，我们会不断试错，有时甚至在成长的过程中遍体鳞伤、怀疑自我，但我相信，我们每个人都会在某个瞬间真正意识到自己是谁：也许是在夜深人静时的未名湖畔，也许是在去喧闹的食堂排队打饭的路上，也许是在"五四"夜奔时抬头望向操场大屏幕的那一刻，也许是在田野调查间擦去额头上汗水的时刻，也许只是在某一节普通的专业课上。在那个瞬间，每一个体的每一段独特体验，对知识的渴望，对真理的热爱，对理想的执着，都会激励我们探索自身的潜力究竟何在。于是，我认识到，我不能丢弃面对挑战和敢于前进的勇气。

然而，认识自我并不等于神话自我。曾经的我，在田野调查中也常常自以为是，但是，当越来越多的调查对象告诉我他们心目中语言的模样时，我开始愧疚不已。中文系的李宗焜老师曾经说过："你学问好，是要让人家觉得你对他是有帮助的，而不是让他觉得难堪。"我想，我有什么资格能凌驾于调查对象之上呢？所谓的外行的朴素的观点，往往能启发并引导我们发现更多。只有永远怀着一颗学徒之心，才能真正地做好学问，做好一个对人民有益的北大人。于是，我决心一直做一个虔诚的学徒。

认识自我的道路还在延伸，但在北大的日子却并非永远。讲到这里，心中不免有些感伤，许多人即将离开这座园子，曾经热闹无比的教学楼、操场、食堂、宿舍楼，在盛夏的夜晚又将变得冷清。在北大，我从来都不是孤独的，我有幸能与优秀的你们一直同在；在未来，我们同样不是孤独的，因为在燕园的美好回忆已经内化为我们重要的精神财富，将陪伴我们终生。当盛夏的风再度吹过，我们将奔赴全国乃至世界各地，尽情施展我们在北大所学。

最后，我想要衷心感谢养育我们的父母，感谢循循善诱的师长，感谢朝夕相处的伙伴，感谢这座承载了我们无数美好记忆的园子。一想到有你们在，即便心中对未来仍有迷茫，我也会再次鼓起勇气，砥砺前行。也衷心祝愿所有毕业生能继续保持真诚、坚定和勇敢的品质，我们眼中的光芒，将如夜空中的繁星一般，照亮所有人的前路。

爱你所爱，行你所行

韩叮咚

（历史学系博士研究生）

尊敬的老师们，亲爱的同学们：

大家好！

我是历史学系博士研究生韩叮咚，很荣幸能够作为毕业生中的一分子在这里发言。

在我们毕业生中，有在燕园十载仍要继续在历史学领域中钻研耕耘的北大人；有大作频出、科研硕果累累的学术大牛；有要深入基层，为国家、为社会、为人民服务的有志青年；也有默默付出，最终事业、爱情双丰收的人生赢家。能在一流大学中学习、生活，与在座的各位一起毕业，我感到十分幸运。

在知识的海洋里遨游，导师是我们的引路人。因此，我最感谢的是我们的导师们！

作为中国近现代史专业的学生，查档案是必不可少的。早年间一次与老师和同门共同查档的经历，一直激励着我决心用努力和汗水来维持对学术的兴趣和热情。做学问，吃不了苦是不行的。当然，也要学会苦中作乐，史料中的新发现就是我们的乐趣所在。一个特别的人、一句不寻常的话、一件非常态的事，都能让我们迸发灵感、津津乐道。在历史迷雾中，导师给了我们寻查和探测的方向，我们也学着用发现的眼睛、勤劳的双手、严谨的态度和"冷板凳"精神孜孜不倦地梳理藤蔓，寻求历史的真相。当然，"闭门造车"是不行的，导师总能在我们茫然的时候为我们指点迷津；师门的读书会，也让我们能够在学术学业上互相交流、彼此鼓励、相互监督。每次学习和探讨都有反馈和收获，让人精神振奋。

老师们对我们的影响，不仅有学术学业上的，也有为人处事上的。老师们对我们的关怀，不仅体现在论文上的指导，也体现在当我们面临生活选择上的迷茫困惑时，真心给出的意见建议，使我们受用的同时也让我们很感动。我想，怎样做一位受人尊敬的学者，做一名传道授业解惑的老师，做一个知行合一的人，每个人心中都有答案和榜样。

感谢系里的每一位领导、老师的辛劳和付出。尤其是持续数年的新冠疫情让我们有着难忘的共同记忆。在疫情防控最严峻的时候，系领导和学工、教务老师坚守在一线，与我们同吃同住共患难，轮番上阵为我们提供各类保障，关心关爱我们的学业以及身体心理健康；同学们自发成立自助互助小组，送药送饭送温暖。

在老师、同学们的身上，我看到了什么是责任。对自己的健康负责，有好身体才能为学科发展作出贡献；对学术学业负责，寻真相、说真话，求真求实是每一位历史学人的素养；对国家社会负责，以史为鉴，用专业的知识、批判的思维、理性的头脑和切实的行动，有一分力就出一分力，有一分光就发一分热，这样才能让这个世界变得更好。

感谢北京大学为我们提供良好的学习和生活环境。在北大，我最喜欢的三个地方是图书馆、未名湖和"百讲"。在图书馆，总能看到历史学系同学借书、看书的身影。或许对我们来说，能心无旁骛、安心读书的日子，就是好日子。图书馆的馆际互借、送书上门以及为高年级同学提供的研修专座，为我们论文写作提供了极大的便利。未名湖四季变换的美丽景色，以及可爱的猫咪、野鸭、小松鼠，治愈人心。"百讲"的电影、演出、音乐会，让我们不出校园就可以欣赏到艺术和美，从窗口买票排队的长度就可以看出我们对它的需要和喜爱程度。

回首过去的4年，博士学习之路是求知之路，也是探索自我之路。于我而言，最幸运的事就是将学业与生活、事业与兴趣结合起来，找到了属于自己的位置。文艺史研究是我在学术领域中的志趣所在，而参与文艺活动是我业余生活的爱好。通过研究太行山剧团，我完成了博士论文的写作；在北大学生舞蹈团和学生交响乐团的排练、演出，让我在学习之余收获了更多快乐。即将进入中国传媒大学任教的我，也会在教学和生活中保持着这份热忱和信念，将在北大的所学、所思、所感传递下去，努力做一名"四有"好老师。

亲爱的同学们，我们的学生时代就要画上句号。我想今后不管我们走到哪里，拥有怎样的身份，都会不忘初心。爱你所爱，信你所信，行你所行！

感谢北京大学，感谢历史学系！祝福我们，我和我的朋友们！

于变动不居中守得己心

吕芳卉

（哲学系硕士研究生）

尊敬的各位领导、各位老师，亲爱的家长们、同学们：

大家好！

我是哲学系马克思主义哲学专业的硕士研究生吕芳卉。非常荣幸能够在这样一个特别的时刻与大家相遇，共同分享属于我们的燕园回忆。

犹记得七年前刚到北大的时候，第一次亲眼见到"一塔湖图"时的激动，第一次置身于古色古香的人文学苑时的惊艳，第一次坐在开"哲学导论"课程教室里的懵懂。转眼间，七载春秋如白驹一隙；如今，竟已到了真正要告别的时候。毕业之际，再一次漫步在熟悉的校园里，第一次真正跳脱出课业的压力、学工的忙碌、求职的焦虑，放慢自己匆忙的脚步，从无尽的微信消息里抬起头，才恍惚觉得，这些年错过了许多看似相似却实则不同的风景。

我置身于课间的人流之中，看着那些背着电脑抱着书、着急赶往另一座教学楼的同学，步履匆匆；我缓步于午间的三角地，看着三两结伴的朋友们商议着去家园三层还是家园四层吃饭，说说笑笑，慢慢走远。曾几何时，我也是他们中的一员，在看不完的文献里为了选课、学分、论文而忙碌，在三四五六节连上的课程间隙因为人满为患的食堂而发愁。而现在的我，已然告别学生时代的课堂，却也还未真正成为离开母校的校友，身处这个身份转换的罅隙之中，行走在熙熙攘攘、忙忙碌碌的人群里，我就像是一个被遗留在时光里的过客，望着熟悉的人和事渐渐远走，挥挥手，张张口，哽咽着道不出一句再见、珍重。

在变与不变这对辩证的概念里，我与燕园之间，似乎变的总应该是我，而不变的是这座园子。7年的时光在我的身上留下了成长的印记，而对这座园子来说，却也不过是未名湖畔年复一年的七载轮回。但换一种视角来看，对于我们自己而言，从来到北大到离开北大，我们身处的环境总会改变，而不变的是，我们只能掌控好自己的人生。正如博实超市的消失、"最美时光"的离开，"松林""燕南"的翻新，"泊星地"的新迁，在这个校园里，店铺兴兴衰衰，人群来来往往，他们有些驻足在时光里见证着我们的来去匆匆，有些则先一步成为永久的记忆，成为我们与师弟师妹的分享中一声轻轻的叹息。这些都是我们无力拒绝而只能接受的环境的改变，但是，那些我们在"最美时光"读过的书、在"燕南"食堂站着吃过的饭、在小西门"肯教"（肯德基）刷过的夜，却也都成了将我们塑造和雕刻成如今模样的、难能可贵的经历。

相聚与离别是生活的常态，人生漫漫，许多人都会陪我们走一段路，但每段路也都要我们自己来走。北大陪我们走过了这段最重要的人生路，她以深厚的人文底蕴陶冶了我们的情操，让我们学会了用带着善意的目光去认识这个世界，用带着温度的胸怀去接纳这个世界，永远保持滚烫的赤子之心；她以兼容并包的氛围涵养了我们的品格，让我们拥有了在信息爆炸、诸事纷扰的互联网时代保持理性思考、独立判断的能力，不以自己狭隘的认知轻易评判他人的生活，不在他人跌重时夸耀，不在他人困难时袖手。北大为我们提供了选择自己想要的生活的空间和平台，也教会了我们追寻梦想的能力和底气，她陪了我们一路、送了我们一程，未来的路，需要我们自己去走。

7 年前初到燕园之时，我刚刚度过自己 18 岁的成人礼，而如今离开燕园的这一天，或许算得上是一场真正意义上的成人礼。今天，我们就要与挚爱的母校道一声再会，迈出从学生走向社会的第一步。北大人这个身份，曾经是一份厚重的期望、一个年少时的梦想，而未来，它将不仅是一枚过去的勋章，更是一份沉甸甸的责任。燕园情，千千结，让我们最后再对母校道一声感恩，对师长、父母道一声辛苦，对同学、朋友道一声珍重，无论未来我们走到哪里，这段我们共同缔结的燕园情，都值得我们用一生去铭记和怀念。

在不确定中寻找确定

金楚楚

（经济学院本科生）

尊敬的各位老师、各位校友，亲爱的同学们：

大家好！我是经济学院本科生金楚楚，非常荣幸能够作为2023届毕业生代表在这里发言。

4年前，我们踏入燕园的大门，怀揣着憧憬和期待。戴上北大校徽的那一刻，我们心中充满了庄严感和自豪感。这里不仅仅是一所学府，更是一片培育梦想的沃土，未名湖畔的湖光塔影就这样连缀着你我的故事，让我们共赴韶华。

4年后的今天，我们即将带着燕园给予我们的无数回忆和成长，踏上各自的人生新旅程。今天的毕业典礼给我们本科阶段的学习生涯画上了一个句号。句号不仅仅意味着结束，更意味着新的开始。无论是继续求学，还是走向城镇乡野，我们的故事又翻开了新的篇章。

4年里，我们亲历了一系列令人激动的瞬间，迎来了中国共产党建党 100 周年的盛大庆典，也见证了北京冬奥会、冬残奥会的顺利举办。然而，我们也曾面临巨大的挑战和考验，特别是全球范围内肆虐的新冠疫情给我们的生活和学习带来了许多不确定性。幸运的是，燕园不仅赋予我们多元的选择和多维的视野，也教会我们如何在不确定中寻找确定。

无论外界环境如何变化，确定的是要始终坚持学习，自己每天获得的点滴成长。大师身旁宜聆教，未名湖畔好读书。老师们教导我们坚持追求真理，不断探索和挑战科学的边界。他们的榜样作用和引导，让我们明白学术研究需要耐心和毅力，需要批判性思维和创新的灵感。学习任何一个新理论、新模型的过程无疑都是艰难的，而沉浸其中往往能让我们体会到"向内看"的稳定能量。这种能量，也将伴随着我在往后的日子里笃定前行。

不确定的是种种意外，确定的是你永远可以做出改变。"你无法控制生命中会发生什么，但你可以控制面对这些事情时自己的情绪与行动。"我从 2020 年起参与招生工作，即使每年都详尽地做好方案，但事实上，没有哪一年的活动是一帆风顺的。无论是受疫情的影响，还是多变的天气或者是突然出故障的设备，你永远不知道意外什么时候来临。其中，最大的一次挑战是在 2021 年，活动流程原本是按照线下举办设计的，然而一切准备妥当后，却因防疫措施不得不在开营前一天转为线上活动。最开始，我时常因为突然的改变、未知的规划极度不安；一次次被迫应对后，逐渐开始相信自己的应变能力，相信自己能坦然地做好当下、把握现在。

2022 年冬天，我倍感荣幸，能够作为闭环内的奥林匹克大家庭助理志愿者参与北京冬奥会，不再是仅仅通过电视或者网络"远观"冬奥会，而是能够成为它的亲历者。这也让我更真切地感受到，在当时新冠疫情大流行的背景下，冬奥会的筹办、举办是多么困难。赛区闭环内、闭环外的划分，不同赛区之间的流动，人员的健康检测等都需要周全的部署。是所有工作者、志愿者和观众的同心协力，最终铸就了这场精彩、简约的冬日盛会，使本届冬奥会、冬残奥会成为国人的骄傲，成为国际称赞的中国奇迹。就像习近平总书记在《在北京冬奥会、冬残奥会总结表彰大会上的讲话》中说的那样，本次奥运盛会"全面兑现了对国际社会的庄严承诺，北京成为全球首个'双奥之城'"。面对诸多不确定性，团结协作，共担风险，我们终究能够攻坚克难，交出满意的答卷。

彼得·伯恩斯坦在《与天为敌：一部人类风险探索史》中讲道，"一个具有革命意义的看法是，对风险的掌握程度是划分现代和过去时代的分水岭"。应对风险的文化、组织和制度是推动人类文明进步的力量，各种风险管理手段的进步代表着人们与不确定性之间永恒的抗争。我们一直在努力，将不可量化的变成量化的，将不能建模的建成模型，不断地将不确定变成确定。

4年前，我们畅谈的未来是现在。此时，我们畅谈的未来是下一个4年，不确定性永远存在。无论前方是阳光明媚还是乌云密布，希望我们都能够勇往直前，毫不退缩地面对各种挑战。

祝大家毕业快乐，前程似锦！

于变化旅程中勇敢前行

张昆贤

（光华管理学院博士研究生）

尊敬的各位领导、老师，亲爱的同学们和现场的长辈们：

你们好！我是光华管理学院的博士研究生张昆贤。非常荣幸能够在学校的毕业典礼上代表毕业生分享我们在燕园的成长历程。数载光阴，我们如旅人一般在北大这座园子内外赶路前行，修一程又一程的人生之道。回望初入此间，宛如昨日之事，一切仍历历在目。

我的本科时光在社会学系度过，是社会学再启蒙了我的心智。它教会我以多元、综合的视角来思考所见之象，警惕偏见所固化的刻板印象，接纳在新场域内存在和发生的实践。硕博阶段，我来到光华管理学院。在这里重新学习管理学的多元研究范式，不断在新的学科体系内寻找更多的可能性。博士期间，我的研究方向是企业的数字化转型。还记得 2017 年和 2018 年的夏天我参加的中国创新创业调查，在与企业家们的访谈中，我除了体悟到企业家创业背后的辛酸外，更多感受到的是他们对新时期企业发展的迷茫。2019 年，我与导师前往某知名的汽车企业调研。至今我还清楚地记得，当谈及"如何推进变革"时受访者眼里的困惑与无奈。在那之后，我便毅然决定踏入"传统企业数字化转型"这一问题的研究。从田野经验到理论建构，从社会个体到企业组织，从关注后果到梳理过程，我很庆幸其间能开展一系列带有交叉学科思维的前沿研究。这些经历使我在理解社会发展时拥有了更加多维的考量，在面对现实生活中的复杂性时有了更为审慎的态度，从而进一步领略到，学术的魅力正是在于它揭示了初学者的无知后又重新为他们提供了建构知识谱系的可能性。

在北大求学这 9 年，我看到、听到、学到很多，关于治学、关于为人、关于处事，无尽的智慧在这座园子里。今天，主要有三点想和各位分享：

一是保持理性思考的能力。学习的宝贵之处不仅仅在于为个人有限的知识添码，更重要的是使我们保持理性。从我既有的学习经验来看，我认为连接个体从接受知识到创造知识的纽带，正是每个人在前序学习阶段中习得的思考能力。所谓思考就是在一个已经画好的圆圈内找到突破外围的可能性，圆圈的周长是连续的，这也就意味着在圈中其实充斥着许多无限的端点，保持思考就是以有限追无限，在宏大叙事中永远带着社会学对微观现实的忧思，追问时代的关切！

二是拥有包容感恩的胸怀。在多数时候，个人的成长离不开周边人的相助。一生之中，我们接受过父母保护，接受过师长教导，接受过同辈帮助，甚至也接受过陌生人的善意，在被难题击中的某些时刻，这些助力汇聚成帮助我们解决难题的爱意。有时候强大并不是长出棱角、高筑防墙，相反，收起锐刺，学会接纳万物，恰恰会使我们活得更丰盈！

三是增添披荆斩棘的勇气。在企业发展的生命周期中，会遇到很多关卡，大部分企业都是在不确定性和风险性中找寻自己的可能性，人生亦是如此。过去 3 年，我们见证了"疫"万变化，恐惧或许时常占据心头，但人们的勇气也从未消逝。麻烦、困难、打击可能比比皆是，但只要自己不给自己一锤定音，就总能找到出口处。任何境遇里，同变化对抗，勇敢便是我们行路上最足的底气！

其实，人生这一旅程上，变数已是常态。从象牙塔步入社会也是一种变化，在学校里的青涩或将褪去，但我们长期持有的是北大这座园子给予我们的洞观世界的心智。几天后，我即将走向祖国的基层大地从事党政工作，希望在我们离开母校后，仍拥有敏锐的洞察力，在信息嘈杂的时代保持清醒；始终拥有共情的同理心，将个人命运与他人、社会相连，共生互惠；始终拥有炽热的家国情，坚定我们不负时光、不负韶华的信念。在变数中把握不变，在延续与创新中寻找一个最优的平衡点！

最后，在母校建校 125 周年之际，衷心祝愿全体毕业生鹏程万里！祝愿各位来宾健康喜乐！祝愿母校欣欣向荣！祝愿祖国繁荣富强！

我心向明月，明月照我心

叶山·叶尔布拉提

（马克思主义学院硕士研究生）

尊敬的各位老师，亲爱的同学们：

大家好！

我是马克思主义学院硕士研究生叶山·叶尔布拉提。非常荣幸能够在毕业之际，和大家一同追忆在北大的最美时光。

2016年9月2日，坐了30多个小时的火车后，我抵达了北京。直到踏入东门，我才敢确定原来"考上北大"不是那个夏天里一个散发着光晕的、虚幻的梦。来自西北县城的我，当时还无法预料，燕园会用何等的爱和包容，让我见识更加广大的世界，遇见更多有趣的人，成长为更加坚定的自己。

我是来自新疆的哈萨克族青年。本科时，我和伙伴们共同创立了北京大学学生西北研究发展协会，以期让更多人认识西北，了解西北，爱上西北。2018年5月2日，在五四青年节和北大建校 120 周年校庆日来临之际，习近平总书记来到北大，深情寄语青年要"爱国、励志、求真、力行"。我和伙伴们深受鼓舞，决定做点什么。于是，在校团委、招生组和校友会的支持下，在两年的时间里，我们组织了 50 余名同学前往新疆进行社会实践和支教扶贫。

"既然要去，那就要去最艰苦的地方。" 2019 年暑期，我和来自祖国大江南北、不同院系的 10 名同学一起前往曾经受恐怖主义威胁最严重的和田皮山地区。我们去支教的皮山农场中学，离塔克拉玛干沙漠只有十几公里，但是我们在这里看到了"讲政治、讲团结、讲奉献"的新疆干部群众。他们用了两年时间，硬是在沙漠边上，建起了一所"为党育人，为国育才"的学校。我在北大得以了解边疆，我在边疆更加读懂中国。

从和田返回后，我报名加入了国庆 70 周年活动志愿者工作组。3 个岗位的 373 名志愿者在 100 天的时间里，提供了超过 3000 小时的志愿服务。10 月 1 日晚上，天安门广场的联欢会快结束的时候，我抬头看见了满天璀璨的烟火。"愿我如星君如月，夜夜流光相皎洁。"我想，我会永远记得 20 岁的我和 70 岁的祖国之间这次最美丽的共鸣。

也正是这段经历，鼓励我加入了北京大学第 22 届研究生支教团。在新疆乌鲁木齐县水西沟镇庙尔沟村支教的一年里，哪个科目缺老师，我们就教什么科目。我们 4 个志愿者伙伴一起举办各种各样的活动，并为孩子们募集到了助学游学基金，我们想尽办法鼓励孩子们勇敢逐梦。支教快结束时，我们还邀请了马克思主义学院的党委书记孙蛙珠老师为新疆、青海、西藏、内蒙古、云南五地近千名学生进行线上党史讲座。讲座结束后，有个学生跑到我办公室问我："刚才讲座的孙老师是我们政治书第二页编委的孙老师吗？"她眼里闪过的光让我知道，一切的努力与付出都是值得的。因为有一个孩子走出大山，就意味着可能有一个乡村家庭可以脱离贫困。临别的时候，有学生写贺卡和我说："我一定一定要走向更好的人生，遇见更好的自己，大家也会！"

我心向明月，明月照我心。感谢他们在我的生命中留下了那么多美好的故事。在基层一年，让我认识到研究生支教团不仅仅是服务西部地区基础教育的一项具体工作，更是在中华民族百年复兴路上，"一个都不能少"的初心和承诺。

2021年，我从马克思主义学院的老师手上接过沉甸甸的"马列"经典，来到马克思主义学院攻读硕士学位。两年的学习使我对马克思主义研究的基本范畴和理论视域有了整体认识。我更加深刻地体悟到马克思主义是回答社会发展之问的钥匙，是值得我终身学习探索的丰富宝藏。去年暑假，我作为思政实践课程助教，和马克思主义学院第一批高招本科生一起重走了 1947 年中共中央转战陕北的路线。当我们在杨家沟革命旧址的窑洞里，坐在小马扎上，闻着微微的泥土味，听着党校老师为我们讲述"十二月会议"前后的峥嵘岁月时，我的思绪总是会回到北大红楼，总是会想起，一百多年前的北大青年为了民族独立和国家富强，是如何在风雨如晦的中国，苦苦探寻民族复兴的前途。

如今，我们或投身社会，或继续探寻人类知识的边界。但无论如何，我相信，北大所教会我们的、浸润我们的、感召我们的，一定会在我们未来人生的全部旅程中，以另一种形式默默陪伴着我们。

谢谢你，北大。

我在燕园的三次"新生"

梁靖雯（阿根廷籍）

（艺术学院本科生）

尊敬的老师们，亲爱的同学们：

大家好！

我是艺术学院广播电视编导（戏剧影视文学方向）的本科生梁靖雯，很荣幸能够在此与各位分享一些我的经历。

本科4年匆匆流逝，相比于往届，2023届毕业生的大学生活似乎是最波折的。我们曾在初秋相遇相识，同窗情谊却在隆冬遭遇阻隔，到了暮春久别重逢，如今面临盛夏，我们又要各奔前程。想必每个人在不同阶段都会迎来无数种形式的新生，又在新生中逐渐完成自知自省。接下来，我想和大家聊聊关于我在燕园的三次"新生"。

从一草一木，到人文万象，燕园蕴藏着无限生机，我们得以在其中畅快地求真求道。而在艺术学院学习的过程中，我曾有过一段精神内耗的经历，找不到人生的方向。相比其他早早确定方向、着手实习，甚至规划好人生目标的同学，当初抱着"只求毕业"心态的我显得格外"躺平"，与毕业季一同到来的，是毕业剧作、短片和论文三座需要翻越的大山。今年5月初，我与同专业的两位好友共同编导完成了毕业短片，这也是我们人生中的首部完整作品。我主要负责制片工作。说来惭愧，在此之前，我几乎对影视实践一无所知，通过不断摸爬滚打，我慢慢掌握了灯光、录音等基本常识，并能够协调好剪辑、调色等任务分配，最终从无到有顺利地搭建起了一个相对完整的剧组。当缥缈的设想化为16分8秒的成片，这场长达6个月的跋涉终于告一段落，我如愿实现了毕业目标，我的"戏文魂"也随之获得了新生。

我是一名阿根廷华裔，出生在阿根廷首都布宜诺斯艾利斯，但从小在北京长大，所以我从来不觉得作为一名华人，自己和身边的朋友同学有什么不同。大三下学期期末，我从学院接到北京冬奥会志愿者的录取通知，有幸成为全赛事28名华侨华人志愿者之一，我发挥摄影、剪辑等专业优势，进入赛事服务领域宣传组工作。当人民日报、中新网、今日拉美等各种海内外媒体的采访源源不断地扑面而来时，我方才意识到，华侨华人群体是不可忽视的力量。正如国家游泳中心（水立方）①，它凝聚着数十万海外同胞

---

① 水立方由全球海外华侨华人、港澳台同胞捐款修建。

浓浓的赤子心。融通中外，推动构建人类命运共同体，我意识到了华裔身份所肩负的使命。此后，我持续与中拉文化交流中心保持交流，与拉美记者团共同参加主题文化活动。同时，我还以华裔青年代表的身份受邀参加北京市政府国庆招待会。不知不觉中，我的"华裔魂"再度新生。

"海阔凭鱼跃，天高任鸟飞。"这是我在北大度过的四年里最深切的体会。不论是本科毕业作品，还是北京冬奥会，北大赋予我探索热爱的多重机遇，同时又教会我团队的力量是无限的。月光下不仅是我在置景布光，我身旁还有好友在一同构图采景；大雪中不仅是我在抓拍素材，我身后还有伙伴在跟进摄像。我们曾为追求更高质量的视听呈现而彻夜剪辑，也曾为捕捉更具有时效性的宣传内容而四处奔走……通过影像去传递我们作为北大新青年、华侨华人群体的积极信念，这也是我们最纯粹的共同诉求。感谢所有遇见，让另一个"自我"获得新生，能够有勇气独当一面，笃定前行。

青春孕育无限希望，青年创造美好明天。朋友们，毕业在即，吉祥止止，当下是落幕，却又孕育出新的生机。愿我们未来仍同今日这般饱含真挚与热忱，始终坚守心中所善。

祝大家毕业快乐，前程似锦！

相信时间的力量

龙 媛

（教育学院硕士研究生）

尊敬的各位老师、各位校友，亲爱的爸爸妈妈、同学们：

大家上午好！

我是北京大学教育学院的硕士研究生龙媛。开学典礼上第一次佩戴北大校徽时那令人激动的画面犹然在目，转眼间，又到了挥手告别、奔赴四海的时刻。在这个充满收获和遗憾、幸福和伤感的毕业季，人们总会特别感慨时间的流逝，以及时间的力量。

时间是什么？时间，藏在深夜一字一句敲下的论文里，藏在图书馆一张一页阅读的书籍里，藏在一张张工作证、一叠叠电影票上，也藏在一次次宿舍夜谈中。写毕业论文时，时间总是倏然而逝。和心仪的人在湖畔漫步时，时间又变得那么闲适悠长。我们无法确切地描绘时间是什么，但我们确实能感觉到时间对每个人的洗礼。

今年是我来到北大的第 8 年，第 2853 天。8 年前，为了省下一点点路费，我和妈妈从湖南凤凰大山深处，坐了一天一夜的绿皮火车硬座来到北京，到站时双腿已经浮肿，走路时疼得龇牙咧嘴。作为一名"小镇青年"，北大校园里丰富多彩的选择为我打开了认识世界的许多扇窗，也让我在和同学的比较中逐渐迷失自我。上大学前，我从没有去电影院看过一场电影，从没有去博物馆看过一场展览，现在却需要和同学们一起撰写剧本、策划展览。我什么才艺也没有，读英文文献总是很慢，就连获取消息都比别人慢半拍。高考瞬间的荣耀过后，我和很多同学一样陷入迷茫。未来在哪儿，未来真的会更好吗？

幸运的是，燕园会支持每一个追梦的孩子，为我们提供最大的探索空间。老师们鼓励我：对抗迷茫最好的办法就是立即行动。我开始专注于走好自己脚下的每一步路，精心准备每一次课堂展示、多泡图书馆、多向老师请教、积极参加各类实践活动……季羡林先生曾说："时间从来不语，却回答了所有问题。岁月从来不言，却见证了所有真心。"不知不觉间，我收到了很多课堂组队邀请，当上了年级党支书，在建党百年、疫情防控、北京冬奥等许多关键时刻和重要场合总能冲锋最前，成为大家心中的小太阳。

教育即生活，生活即教育。如今，我虽然不是燕园里耀眼的人，但也拥有了自己的一方天地。曾经找不到未来的我们，在学校和学院的包容和托举中，在老师们的指引和帮助下，在一次又一次的试错和挑战后，都渐渐明晰了自己的人生方向和职责使命。我们都长大了，以一种意想不到的方式。大家或许起点不同，但又何必比较？认真走好脚下的每一步路，时间会让小树苗长成参天巨木，幸运女神也会眷顾像你我这样平凡的人。

时间的力量，赋予了未来无限可能。北大的求学生涯，开启了我们的第二人生。8 年前的我，茫然无措、赤手空拳地来到北京。8 年后，我不仅可以靠自己的努力，实现带家人旅行的心愿，而且找到了、坚定了愿意为之奉献一生的教育事业。8 年前，我的家乡还没有通火车，每次上学只能辗转隔壁城市，再坐 25 个小时的绿皮火车来北京。8 年后，一班从北京直通我的家乡的高铁大大缩短了我和家的距离。更让人高兴的是，我的乡亲们在经济发展、生活向好的环境中，有了乘坐高铁的经济支撑和底气。8 年前，我们的国家作出"打赢脱贫攻坚战"的重大决定。8 年后，我们不仅取得了脱贫攻坚战的全面胜利，完成了消除绝对贫困的艰巨任务，而且在党的领导下，阔步迈向第二个百年奋斗目标新征程。我们每一个个体、我们所处的城市、我们所热爱的祖国，都在时间的洗礼中焕发出更耀眼的光芒。而这一切，都得益于每一个微小个体坚持不懈的努力。涓涓细流，汇聚成海，在时间的长河里，请大家相信奋斗真的可以改变命运。

　　我的导师岳昌君教授曾用地铁广播中最常听到的一句话——"请把座位让给有需要的乘客"来激励我们，作为北大人，在脚踏实地走好每一步路的同时，还要有更大的胸怀和更高的眼光，看到社会上"有需要的人"。在教育学院的学习让我们意识到，我们现在享受到的教育资源是我们的一种幸运，然而并不是所有人都能拥有这样的机会和幸运。作为北大教育人，我们要保持一颗感恩和敏锐的心，看到更多有需要的人，发现真实的声音和诉求，在各个领域努力散发自己的光和热，承担起对党和国家，对"无穷的远方，无数的人们"的一份责任。

　　在火热的 7 月，我们即将奔赴不同的工作岗位，开启人生的崭新篇章。未来也许不会一帆风顺，人生的问题总是层出不穷，实现理想的道路也并非坦途，但请相信时间的力量，沉下心来，脚踏实地，深深扎根，永远向阳，时间会给我们答案。

　　最后，再次向一路如灯塔般指引照亮我们的师长道一声感恩，向默默陪伴、永远支持我们的亲人道一声感谢，向共历风雨、惺惺相惜的朋友道一句珍重。"乘风好去，长空万里，直下看山河。"祝我们前程似锦、万事胜意、毕业快乐！

热爱所选择，选择所热爱

田慧丰

（材料科学与工程学院博士研究生）

尊敬的各位领导，敬爱的老师们，亲爱的同学们：

大家好！

我是材料科学与工程学院博士研究生田慧丰。很荣幸今天能够站在这里作为毕业生代表发言，与大家一同分享这 5 年来我的点滴感悟。

首先，请允许我代表全体毕业生，向辛勤培育我们的各位领导、各位老师致以最衷心的感谢和最崇高的敬意。

还记得 5 年前第一次踏入北大的校园，对科研还没有太多接触的我对于未来的科研之路充满好奇与憧憬的同时，也十分迷茫，不清楚自己想要做什么以及感兴趣做什么，在与导师讨论后，导师帮我安排了一个研究方向。起初自己对于这个研究方向其实并没有太多的情感投入，更多的是在导师的"push"下逐步推进。然而学术之路并非坦途，我的课题开展得非常不顺利，预期的方法和结果都难以实现，每天对着"炉子"一通操作猛如虎，一看铜箔啥都无。面对一次次的实验失败，课题迟迟没有突破，我曾一度自我怀疑，甚至想要放弃，尤其是看着身边的同学开始不断输出成果，文章一篇接着一篇发，我不由地思考自己究竟是否真的适合科研。

在导师的不断鼓励与关怀下，以及"有事没事烧两炉"的口号中，我依旧继续着实验尝试，逐渐地，开始出现一些看似不错的结果。当我转变心态，真正能够将失败的懊恼与沮丧抛诸脑后，重新审视自己的研究，更加专注于每一次实验本身，从失败中汲取力量，享受每一次实验结果本身所带来的新发现，我发现自己重新燃起了对未知世界的兴趣与好奇心。

我的导师刘磊老师时常教导我们：一定要相信相信的力量。正是经历了这漫长又曲折的科研学习过程，我对这句话逐渐有了更加深刻的认识。面对失败的打击时，要相信自己的研究是有价值的，坚信自己只要坚持下去，就一定能够找到突破口。我的研究课题设立之初是希望实现对于晶体的精准掺杂，然而在几年的探索之下，却转变为对于无序非晶的探索。从有序体系到无序体系，听起来有些不可思议，但正是相信与坚持的力量，让我成功地探索了二维非晶领域的重要基础科学难题，并将相关研究成果发表在国际顶级期刊 *Nature* 上。

在这个过程中，面对复杂的无序体系，其中的奥妙让我深深着迷，感叹于科学世界的美妙，我也越来越沉迷于对二维非晶领域的研究。5年里，在一次次与难题的正面交锋中，在一次次与失败的苦苦纠缠中，我日渐成长，学会了享受遇到问题就解决问题的过程，沉浸于探索未知的乐趣，也越来越热爱科研这件事。

　　大师身旁宜聆教，未名湖畔好读书。在北大这所中国高等学府，我们身边的老师们以学术为志，他们对学术理想与先进科学技术的追求潜移默化地影响着我们。他们的教诲与引导，让我们深刻体会到了科学的魅力与无限可能。正是北大5年的培养，让我拥有了更加坚定的决心和勇气迈向未来的新征程，毅然决然地选择自己心中的热爱。毕业后，我将入站北大博雅博士后项目，作为一名科研人员继续在新的征途上前进，面对人生新的挑战。

　　5年求索，北大送给我最珍贵的毕业礼物便是教会了我在面对挫折与困难时，要有积极向上的态度与坚忍不拔的毅力，以及在找到热爱的事业时，能够持之以恒为之奋斗的决心与勇气。列夫·托尔斯泰曾说过：选择你所爱的，爱你所选择的。未来前行的道路上，我们将各奔东西，也许我们会面临更多的困难与挑战，但正如我们在北大的岁月中所学到的：相信热爱的力量，勇于坚持所爱，就一定能够突破自我，取得更加辉煌的成就。

今天，我们毕业了。毕业并不是结束，而是新的开始。我们将带着各自的梦想与追求，奔向五湖四海。让我们带着北大的精神，怀着对社会的责任感，努力成为有理想、有担当的青年人才。

最后，我衷心祝愿 2023 届的全体毕业生前程似锦、万事如意！祝愿各位老师身体健康、工作顺利！祝愿我们的母校蓬勃发展！祝愿我们伟大的祖国繁荣昌盛！

让我们怀揣着北大的使命与信念，站在自己所热爱的世界中，闪闪发光！

感恩相遇，重新出发

朱立悦（马来西亚籍）

（民航临床医学院本科生）

尊敬的各位老师，亲爱的同学们：

大家好！我是来自马来西亚的朱立悦，民航临床医学院的本科生。今天我非常荣幸能站在这里，代表全体来华留学毕业生发言。首先，我要向每一位辛勤付出的老师、家长，以及可爱的同学们表示由衷的感谢。过去的 6 年里，你们的支持与鼓励是我们不断前行的力量源泉。

作为来华留学生，我们在北大医学部校园里接触到了各学科和各领域的顶尖教授与导师，并结识了来自世界各地志同道合的朋友们。我们一起度过了 6 年的学习生涯，这段时光充满了挑战。我们相互支持，携手努力，共同经历了艰苦的考试、繁重的课业和复杂的实践。我们都有过困惑、迷茫和挫折，但也分享了成功、喜悦和成就。在这个过程中，我们不仅获得了知识和技能，还建立了深厚的友谊并拥有了珍贵的回忆。经过无数个日夜的努力和付出，我们终于迎来了这个值得纪念的时刻。

从我们刚来到学校的第一天起，学校就为我们安排了专门的导师和辅导员，他们给予我们耐心指导和全力支持，帮助我们适应新的学习环境和不同的文化。学校也会组织各种活动，例如国际文化节就是一个非常好的平台，让我们在展示各自国家文化特点的同时也有机会了解和体验中国的传统文化，增进了中国学生和来华留学生之间的了解。这种国际化的氛围让我们受益匪浅，不仅开拓了我们的视野，还培养了我们的人际交往能力与团队合作精神。疫情期间，许多来华留学生都无法回家或返校学习，辅导员老师会在中国传统节日给我们发放"暖心大礼包"，也会在我们生活中遇到问题和困难时及时提供帮助。所有的这些都让我们感受到了学校对我们的关怀和支持。在我们即将毕业离校之际，我想代表全体留学生向学校表达最真诚的感谢。学校的关怀和支持让我们在这里度过了非常美好的校园时光。

今天，我们站在这个新的起点，面对未来的挑战和机遇，我相信在北大医学部学习到的宝贵财富将伴随我们一生，并在未来的道路上指引着我们不断攀登一座又一座高峰。

最后，我要向全体同学致以最衷心的祝贺！我们一起走过了成长的道路，共享喜怒哀乐。无论身处天南海北，希望我们都能万事顺意，未来可期。

用青春完成作业

不止胜负

丁　宁

（体育教研部硕士研究生）

尊敬的各位领导、各位老师，亲爱的同学们：

（乒乓球声响起）

大家听得出这是什么声音吗？没错，这是乒乓球来回击打的声音，也是我从 5 岁起就一直在听的声音。

大家好，我是丁宁，北京大学体育教研部 2021 级硕士生。

两年前，我最为人熟知的身份还是中国国家乒乓球队队员丁宁，我人生的前二十几年几乎都在乒乓球赛场上度过。职业生涯的上半场，我是家长眼中"别人家的孩子"。但只有经历过至暗时刻，我才知道，这一路的冠军和荣耀，都是自己在不断失败又不断站起来后得到的。从 2010 年的兵败莫斯科到 2012 年伦敦奥运会的又一次摔打，我曾无数次想过退缩，但我一直告诉自己：只有勇敢地面对输，才能更好地赢。也正是这份坚持与磨砺，造就了我成熟的内心，让我能够敢于挑战，逆风而上，拨云见日。

2021 年，我选择退役，进入我向往已久的北京大学深造。进入北大校园前，我一直很忐忑：从运动员到大学生，从密集训练的赛场、球场，到自由灵活的课堂、校园，我能适应吗？身边的同学都是来自五湖四海的"学霸"，我能追上他们的脚步吗？从我萌生进北大的想法开始，其实"困难"这两个字就已经出现了。我告诉自己，我与北大不能用打场球来论输赢，因为人生本就不是由一次或者暂时的落后定成败的。

我在北大攻读的是体育产业和大健康方向，每一个和同学们一起探讨完成课业的过程，对我来说都是新的探索，在北大学习的这两年，我从更多维度认识、理解了体育，在担任乒乓球课助教期间，我甚至认识了曾在现场看过我比赛的同学。在他们身上，我看到了青春本该有的样子。虽然竞技是体育行业的金字塔塔尖，它很残酷，但是更多的人开始接触体育是源于热爱，我也一样。我变得越来越自信，这份自信源自北大开放包容的学风、多元丰富的课程，以及老师们细心的教导。我慢慢意识到，对于输赢的坦然，也同样适用于学业的压力。在燕园，我获得的不仅仅是知识，更是理论与实践的最佳融合。

而今天，为什么在这样一个重要时刻，我依然和大家聊起过去的困难与挑战，是因为或许明天，我们又将进入新的学习环境，从事的工作也可能与自己的专业所学无关。但是，我相信：成长是螺旋式上升的，在燕园的这段岁月，她已经赋予了我们足够的底气、坚定的勇气和高远的志气，让我们可以直面波涛、不惧骇浪、一往无前。

最后，请大家抬头看看我们头顶的这几个字——"北京2008"。15 年前的北京奥运会，就在这里——北京大学邱德拔体育馆，我见证了我的前辈们让三面五星红旗冉冉升起。

刚才大家听到的那个乒乓球声也曾在这里响起过。全场齐声高唱国歌的那个场面，我想我这辈子都不会忘记，当时我的心跳比场上乒乓球的节奏还要快，因为那是我梦想的起始点，也是我与北大缘起的地方。

今天，你们也和当年的我一样，从这里奔赴各自闪耀的青春梦想。从燕园到五湖四海，希望你我永不停止追逐的步伐，追梦追光，不负时代！

致广大，尽精微

高子妍

（对外汉语教育学院硕士研究生）

尊敬的各位领导、老师，亲爱的同学们：

大家好！我是对外汉语教育学院硕士研究生高子妍，非常荣幸能够在此发言。在此，谨向陪伴我们一路成长的母校、老师们、父母亲友表达最真挚的感谢！

时光如水，记忆如磐。站在毕业的路口回望，我们在北大的时光太短，短到仿佛一场春雨匆匆，刚激起未名湖的笑纹便悄然退场；短到仿佛一阵秋风拂过，刚吹黄燕园的银杏叶便静静离开。然而，我们的北大时光也已足够长，长到足以铭刻青春、书写历史：我们见证了新冠肆虐之下，全球人类命运的休戚与共；见证了世界百年未有之大变局下，祖国汇聚发展的时与势；见证了北大一路高歌，走过挑战与荣誉交错的数年；也见证了砥砺前行的我们，在园子里成长为更好的自己。

时代浪潮之下，每一个体都经受着冲刷和洗礼。随着疫情防控措施的调整，作为汉语国际教育专业的学生，我的教学实习由云端面向留学生授课变成了和留学生在燕园里的面对面交流。在汉语课堂上，一张张带着求知欲望的外国面孔常常让人感到出其不意："高老师，为什么不能说'我学习在北大'？""高老师，'刚才'和'刚刚'有什么区别？"习焉不察，这些母语者意想不到的问题在课堂上层出不穷。我从一开始被难住时的手足无措、紧张冒汗到后来的得心应手、对答如流，这个探求汉语规律、传递语言规则的过程可谓是"如切如磋，如琢如磨"。令人印象最深的是在疫情期间，我辅导一个在北大就读的巴西同学云端学汉语，一学期快要结束的时候，他用磕磕绊绊的普通话对我说："子妍老师，谢谢你，虽然由于疫情我不能去中国，但是因为你，我更了解中国，也更喜欢中国了。"

听到他说这句话的那一瞬间，我的心情无比激动，激动于我的教学得到了认可，激动于在他的口中，我如此紧密地和祖国、和时代联系在一起。那一刻，我成为一名真正意义上合格的北大人。

自入学以来，我们常常听到这句话："世界上不乏建校几百年的学校，但从来没有一所大学，能够像北大这样，与国家民族同呼吸共命运。"一开始，我觉得这句话离我们很远，但在去年，北京大学对外汉语教学70周年之际，在访谈几位退休老教授时，他们动情地说："从新中国成立之初东欧几十个留学生来中国学汉语，到如今汉语之花开遍全球，作为国家和民族的事业，对外汉语教学是和整个国家的发展进步联系在一起的!"我突然意识到，我每解决一个留学生的小问题，每迈出汉语教学的一小步，就是在为中华语言传播出一分力。带着这样的责任和使命，在为硕士生涯画上句点的同时，我也选择在燕园开启新的旅程，像无数前辈那样继续在对外汉语语法教学方向探索，为发展对外汉语教学、弘扬中华语言文化尽绵薄之力。

生逢其时，与有荣焉。就像我在北大开展汉语教学实践，成为留学生了解中国的一扇小窗口一样，我知道身边很多同学的故事。在北大就读期间，有人是建党百年庆祝大会方阵队员，感受时代脉搏；有人成为一名冬奥志愿者，服务国之盛事；有人夜以继日地推进科研事业，将研究成果转化为服务抗疫的实践应用……北大将我们和时代紧紧联系在一起。宏大时代下，我们每个人都渺小如斯，却又重要如斯。

《礼记·中庸》有言:"故君子尊德性而道问学，致广大而尽精微。"北大在传授我们知识的同时，也带领我们投身时代广大之境，使吾辈尽精微之力。在校期间，有同学在实验室中千百次重复着相同的实验步骤，有同学在图书馆中日日夜夜潜心阅读、苦思冥想，大家都经历过毫无头绪的失败与摸索，经历过无路可走的痛苦与煎熬，正是这些必经的磨炼、这些一步一脚印的探索，成就了此时、此刻、此地的我们。今后，我们或将继续深造、再攀高峰，或将奔赴各自岗位、奔腾入海。不管身在何方，北大所赋予我们的时代视野、家国情怀将会潜移默化地影响着我们，引领着我们，做一个眼光远大、志向远大、胸怀远大的人，也做一个沉得住气、耐得住性、静得下心的人，于广大处与时代大潮同频共振，于精微处在知行合一中脚踏实地。

南风轻送，骊歌响起。离别之际，让我们再看看西校门前的光影流转，再看看未名湖畔的绿树繁荫，再看看师友们熟悉的笑容。纵有万般不舍，终要开始新的征程。岁月不居，未来可期。愿我们永远记得在燕园的热泪盈眶，愿北大精神与我们一路相随，愿我们有理想、有本领、有担当，无愧于这个时代。

最后，祝各位老师身体安康，桃李满园！祝我们所有毕业生不忘初心，坚守信念，"乘风好去，长空万里，直下看山河"！

毕业快乐！

拥抱未知，追寻理想主义

叶皓天

（元培学院本科生）

尊敬的各位领导、老师、亲友，各位即将开始新生活的毕业生：

大家好！

我是元培学院本科生叶皓天。我想先问大家一个问题：在这个即将离开校园的日子里，当你听到"理想主义"这个词的时候，内心的第一反应是什么呢？今天，我倍感荣幸能站在这里，与大家分享我对此的经历和感悟。

犹记得，大一开学前从南门走进学校，望着校道两旁茂密的杨树，高中奋笔疾书时脑海里憧憬的画面就在眼前。新生训练营里，一位学长向我们讲述自己正在进行的研究，讲述当初是如何在北大和其他大学之间做出了选择，他眼里的光芒在我心中种下了追寻梦想的种子。

我的专业是数据科学，说通俗点就是人工智能。我有幸能在社会学系孙飞宇教授的带领下前往上海康师傅的生产基地调研，近距离感受科技的力量。我清晰地记得那天上午，我们在工厂里惊叹于全自动化技术引导每一道工序的游刃有余。可就在同一天下午，接待我们的销售员满头汗水，跟我们抱怨说，线上系统那个月规定的老坛酸菜牛肉面的销售指标还有多少没有完成，他交不了差。面对这种强烈的对比，孙教授语重心长："技术永远是冰冷的，赋予它温度的是利用技术的人。"

回到学校，我迫切地想要用自己有限的技术为身边的同学们带来点什么。元培学院有着丰富多元的地下空间，但如何有效地分配和管理资源一直是一个老大难问题。带着一股冲劲儿，我决定从零开始搭建一整个软硬件结合的智慧校园系统。

然而，在那个冬天，所有人的生活都被突如其来的疫情打乱了。每日的新闻潮水般自四面八方涌入我狭小的房间，思绪总是在酝酿成形前就茫然地被冲刷上岸边。我意识到，生活不是一条笔直前进的线性函数直线，如何面对不确定性才是人生的必修课。我第一次感到离开校园和朋友的自己是那样孤独渺小，先前雄心勃勃的计划此刻显得那样高不可攀。我不止一次地问自己：我学的知识是为了什么？我曾经想要追寻的目标又有什么意义呢？

在那段孤独的日子里，我迫切地寻找着生活与情感的寄托。幸运的是，我的朋友们在我身边。我在线上和舍友们分享着自己的生活，拍下那些平日里只会在宿舍夜聊中出现的家乡生活的画面。我在小小的屏幕里看到东北的皑皑白雪，看到海南的四季常青，我们彼此分享家里小宠物的趣事，以及书架上摆着的那些已经落了灰的童年最爱的书。在那个对未来充满担忧的春天，我意识到，朋友通过陪伴给予的温暖是如此重要。我们搀扶着彼此，获得了前行的力量。也正是他们，劝我在兵荒马乱里坚持把智慧校园系统一点一点搭建出来，因为哪怕能给同学们带来一点帮助，自己也能感到些许慰藉。

回到学校后，我们的系统如愿上线。短短一个月就获得了数十万次的访问，让整个地下空间得以顺滑、高效地被利用。我们把人工智能图像识别的技术应用到系统，实现了违约判定、安全警报等功能的全自动化，得到了其他院校的关注，也为团队赚得了第一桶金。那一刻，我为自己勇敢做出的选择与坚持感到自豪，也坚定了自己用技术改善生活的理想。

2021 年秋天，我有幸受邀前往加州大学伯克利分校，进一步践行自己的理念。我从事的是自然语言模型的研究，简单来说就是让模型能够"讲人话"、说真话，而不是念空话、编假话，能够真正帮助人们更好地生活。去年，我们的工作成果被国际会议所录用并得到了 OpenAI 的关注，我的合作者也入职了 OpenAI，我们共同为如今席卷而来的语言模型浪潮贡献了自己的一份力量。也许在不久的未来我会因此失业，但没关系，我的伙伴们一定会"陪着我"，一起去面对明天的未知。

我们常听人说，在这个时代，追寻理想主义似乎太过于奢侈。然而，这充满了未知、不确定与变化的 4 年大学生活让我明白，并不是我有了充沛的精力才应该去追寻理想，而是理想反过来成为我面对现实生活的动力。在这个充满变革的时代，北大人的理想主义不只是高歌猛进与一往无前。我们正是靠着这份坚守面对当下的生活与不确定的未来，并朝着心之所向坚定地向前迈进。

在今天这个庄重的日子里，我最想对大家还有对自己说的，是"辛苦了"。生活并不会因为今日的别离而暂停，更广阔的未知世界正等着我们。它可能是一座小山峰，也可能是一个低谷。但无论如何，希望我们都能以积极的心态面对不确定的前方，都能坚守内心前进的方向，勇敢地做出选择；希望我们永远能陪伴在彼此身边，成为彼此最坚实的力量。

山高水远，期待我们来日再会！

以奋斗姿态激扬青春

高　原

（前沿交叉学科研究院博士研究生）

尊敬的各位领导、老师，亲爱的同学们：

大家好！我是前沿交叉学科研究院生命科学联合中心博士研究生高原，能够作为毕业生代表发言，我感到十分荣幸！

总以为来日方长，却不知时光匆匆，在燕园的 5 年时光转瞬即逝，不知不觉中我的学生生涯已经接近尾声。在离别时刻，种种回忆涌上心头，有太多的眷恋：眷恋燕园春天里五彩斑斓的鲜花，眷恋夏季朗润园中亭亭玉立的荷花，眷恋秋季人行道旁金灿灿的银杏树，眷恋冬季未名湖冰场上的笑声。5 年的青春时光，弥足珍贵，不舍在燕园奋斗的日日夜夜，不舍老师们的谆谆教诲，不舍北大带给自己的成长与感动。

青春需要求真学问，练真本领。北大是无数学子梦寐以求的科研殿堂，这里有最先进的技术平台，有深深热爱科研的老师，有无数学术大家思维交流碰撞的火花，在这里学习是我一生中都难以忘怀的宝贵经历和财富。有人会问："在北大做科研是什么样的感受？"我的回答是："痛并快乐着。"还记得我初入实验室时的懵懂和手足无措，面对实验室里一项项高精尖技术的兴奋和忐忑，是实验室的师兄师姐的耐心指导为我的科研道路奠定了基础，是我的导师汤富酬老师对科研极高的热情和纯粹鼓舞了我，给予我独自承担课题的巨大勇气。相信大家都有体会，做科研，是极具探索性和挑战性的事情，有时常常需要999次的失败，才能换来一次的成功。课题停滞不前的迷茫，实验繁多无从下手的苦闷，被拒稿后的自我怀疑，深夜里的苦苦思索，都使得科研道路上充满荆棘。但我们正值青春，拥有无限试错的资格。生命的精巧复杂，科学的规律之美，使我们可以在一次次失败后获得从头再来的勇气，于是我们重拾行囊，对于课题反复思索，认真总结规律，从一次次失败中提炼经验，不断提高自身本领。我们从对课题无从下手，到逐渐"柳暗花明"，再到举一反三，提出新问题、新发现，获得理想结果时的欣喜和巨大的成就感会让我们感到前面所有的磨砺都值得。

青春需要勇挑重担，承担社会之责。100多年前，在李大钊、陈独秀等革命先哲的引领下，一群中国的新青年，传播马克思主义，探索救亡图存、民族复兴之路，推动了中国共产党的建立。北大与中国社会的发展紧密相连，这是北大的光荣也是北大的骄傲。爱国、进步、民主、科学的精神和勤奋、严谨、求实、创新的学风在这里生生不息、代代相传。"两弹一星"功勋奖章获得者钱三强和郭永怀无畏忘我，正是他们对祖国深沉的爱，开拓了我国的原子能事业，第一颗原子弹和氢弹的成功研制标志着我国国防实力迈入国际前列；诺贝尔生理学或医学奖获得者屠呦呦，为抗击严重危害人类健康的疟疾，做了190次提取试验，在191次试验中发现了青蒿提取物，并亲身试药测试其安全性，青蒿济世，科研报国；新冠疫情初始暴发时临危受命的钟南山院士，还有在抗击疫情3年过程中始终坚守在一线的北大医护人员，都为抗击疫情贡献了自己的力量。北大所教会我们的，不仅仅是书本上的知识，更多的是对于自己、对于社会、对于国家的担当。正处于青春年华的我们，要勇挑重担，承担社会之责，弘扬光荣传统，不负时代，砥砺前行，在祖国和人民需要的时刻挺身而出，彰显青年一代应有的闯劲、锐气和担当。

奋斗是青春最亮丽的底色。我们即将告别学生时代，步入全新的人生征途。希望我们可以永远怀揣着对未来的美好祝愿和对生命的热情，希望我们可以有足够的勇气追寻自己想要的生活，希望我们可以永远保持青春的朝气与活力。现在的我们，生于最好的时代，唯有在青春的赛道上奋力奔跑，用奋斗激扬青春，才能不负时代，不负华年！祝大家前途似锦，日日和煦，可盼可期！祝愿母校蓬勃发展！伟大的祖国繁荣昌盛！

点燃青春之火

司济沧

（工学院博士研究生）

尊敬的各位领导、老师，亲爱的同学们：

大家上午好！我是工学院博士研究生司济沧。

我父亲是一名油气勘探工程师，我从小耳濡目染，对能源和火焰充满了兴趣。因此，我选择了"燃烧"这个研究方向，并开始了研究生涯。回想当年，我怀着激动和敬畏之心来到北大，选择了能源与资源工程专业，9年时光一晃而过。然而，作为一个传统学科，在这个领域进行研究需要掌握大量的基础知识，投入漫长的实验周期，并忍受艰苦的实验条件。无数个夜晚，我在苦思冥想却无法理解原理，千般尝试却无法突破指标的实验中，曾一度想要放弃这个方向。但是，当了解到我们的单位产值能耗同发达国家的明显差距，在出国交流时目睹更高级的燃烧技术之后，我深刻意识到自己正在进行研究的高品质能源动力技术对我国未来发展的重要性和紧迫性。凭借北大培养的坚实理论基础和勇往直前的决心，我进行了一次次的设计和点火实验，终于在实验中完成了氮气、二氧化碳和水蒸气作为燃烧氧化剂稀释气体的稳定性、排放和换热效率等各种特性的全面对比，从而发现了水和二氧化碳作为稀释气体对减排以及增强换热效率具有的优势，科研取得了一些成绩。同时，我还积极研究新能源，如研究氨作为燃料燃烧的动力和排放特性，为祖国迅速发展的新能源技术贡献自己的力量。

古往今来，人们都认为水能克火。而事实上，水产生的自由基也可以让火焰更加旺盛。科研探索的道路并不是一帆风顺的，在这一过程中，有日复一日实验室的夜战，有图书室一遍又一遍的阅读，有一次又一次满怀希望的探索，有一个又一个问题无法解决时的夜不能寐。在研究中，充满了数不清的理想与现实之间的落差以及意想不到的意外，这些意外就像一盆盆冷水泼到我热情的火焰上。我印象最深的就是收到人生第一篇投稿论文的返回意见，当我满怀期待打开编辑返回的意见时，看到的却是第一个评审人的 30 多条毫不客气的"差评"，瞬间犹如当头棒喝，失落、难受，我感到自己接近两年的工作没有得到认可。待平静下来后，我仔细阅读了每一条评审意见，逐渐了解了自己的不足，然后振作精神，查漏补缺，从失败中吸取教训，开始新一轮的研究。一盆盆冷水、一次次挫折也在我重新踏上的征程上变成了成长的燃料和加速燃烧的动力。正如习近平总书记在纪念五四运动 100 周年大会上所说："强者，总是从挫折中不断奋起、永不气馁。"我们要勇于面对挫折，并将其变成我们成长的养料，让青春之火燃烧得更旺盛。

火焰需要什么才能持续地燃烧？简单来说，需要源源不断的反应物并得到充足的能量。北大精神的火焰正是通过一代代北大人对国家和民族炽热的爱得以传承下去，使母校在经历了 125 年的风雨洗礼后依然生生不息。

我们这一代北大人内心的小火苗也在北大精神的浸染下逐渐旺盛起来，发光发热。作为志愿者，我们能以十分的积极与认真参与到每一项需要我们的任务中，服务社会；作为学长，我们能倾听低年级学弟学妹们在学习和生活中遇到的困惑，尽力帮助他们解决问题；作为助教，我们认真审阅每一份作业，给出公平公正的建议；作为课题组的学长，我们能仔细修改学弟学妹们的报告和论文，并提供详细的修正意见；作为学生骨干，我们能努力学习并贯彻落实每一项活动工作，积极监督并为学生的评奖评优等权益问题建言献策，成为连接老师与学生沟通的纽带。

纵使有困难和劳累，但我们为能将这份赤诚传递给学弟学妹们感到无比荣幸。

青春之火有限，但北大精神之火是永恒的。今天，我们即将带着炽热的胸中之火离开学校，前往祖国大江南北。在分别之前，让我们大声说一声："谢谢您，母校！谢谢您，北大！"感谢母校让我们的青春之火熊熊燃烧，我们将用这团火焰，去推动火箭升天，去推动海洋远航，或是除去饥寒、驱散黑暗。"长风破浪会有时，直挂云帆济沧海。"让我们点燃青春之火，实现中华民族的伟大复兴。

最后，衷心祝愿 2023 届全体毕业生前程似锦！祝愿各位老师身体安康！祝愿母校蓬勃发展！祝愿伟大的祖国永远繁荣昌盛！

用"心"为新，向阳而"生"

杨凌濛

（集成电路学院博士研究生）

尊敬的各位老师、校友、家长，亲爱的同学们：

大家上午好！我是集成电路学院的博士研究生杨凌濛，非常荣幸能够站在这里发言。我现在的心情非常激动，因为我终于从一名"博士生"变成了"博士"。其实，之前也有不少人叫我"杨博士"，但心里总响起一个声音："受不起，受不起，我还只是个博士生呢！"从"博士生"到"博士"，虽然只是一字之差，但我觉得好像整个人都得到了升华，真的非常开心！想必在座的博士毕业生们，也有类似的心情吧！那我们为什么这么开心呢？我想是因为，要去掉这个"生"字实在是不容易。站在新的起点，我想和大家分享的，正是这个被去掉的"生"字。

被去掉的是"生"疏，我收获了娴熟。5年前初到燕园时，我有幸作为第一批技术骨干参与某新型传感器芯片应用研究的国家级科研项目，但我的理论和软件知识还很欠缺，工程和动手能力也还不足，因此虽摩拳擦掌但又忐忑迷茫。好在有老师们的带领和指导、师兄弟们的帮助和支持，我们取得了突破。也正是在不断解决问题、发表论文和申请专利的过程中，我这个技能"生"疏的科研小白，不仅收获了娴熟的科研技能，也逐渐被这种"山重水复疑无路，柳暗花明又一村"的科研魅力所吸引。毕业后我也将前往中科院继续从事科研工作。

被去掉的也是"生"涩，我收获了成长。各位想象得到吗？一个接待过上千人次、有着4年"讲话"经验的西安交大西迁历史纪念馆讲解员，在刚到北大时和同学讲话还会紧张到结巴。没错，这个人就是我。我其实还挺"社恐"的，虽然本科强迫自己锻炼了几年，但面对北大如此多优秀的老师和同学，我还是"原形毕露"了。不过，从一开始支部活动的"小透明"，到协助组织各种活动的助手，再到"庆祝中国共产党成立100周年大会"的骨干志愿者，我一步步融入团队、帮助团队，最后带领团队，我的沟通技巧变得不再"生"涩，科研外的各种交流也让我收获了更多的成长。

被去掉的还有"生"硬，我收获了柔和。以前，对于和我原有认知不相符的事情，我的第一反应是排斥。不过，这座神奇的园子就像是一口窖池，将我二十几年的所见所闻、所思所想，沉淀，发酵，让我产生了质变。比如参与国家科研项目,亲历国家重大活动,在国际会议上交流分享,这些都丰富了我的人生体验;留校过年、志愿服务、方舱隔离,也让我从不同的角度体会了人性的温暖与抗疫的艰辛。正是这个"思想自由,兼容并包"的园子,让我感受到了多样性的魅力。如今,当我再次遇到和原有认知不相符的事情时,我会保持谦逊,尝试理解,并去糟取精,以柔和代替"生"硬。

因此,从"博士生"到"博士",被去掉的是"生"疏、"生"涩和"生"硬;同时,我更加深刻地理解了"生"活、"生"机和"生"命。

鲁迅先生说过,北大是常为新的。因此,这个"生"字,既是名词,也是动词;是青春记忆,也是"为新"的不懈努力。我的研究是在芯片领域探索新知,算是在用"芯"为新了。这座园子里还有无数北大学子,在不同的领域,用自己的"心血"践行着"为新"的使命!眼底的未名水,见证了"为新"之路上的多少次"关机"和"重启",而那胸中的黄河月,又多少次给了我们向阳而"生"的勇气!

回想起微纳电子大厦的一位物业阿姨曾对我们说:"同学,你们都是搞芯片的,对吗?辛苦了,咱们中国的芯片就靠你们了!"那位阿姨期待的眼神,让我久久不能平静。这让我想起"两弹一星"时期老一辈科学家们负重前行的故事,再看看自己面前的芯片,我突然明白,这次我不再是读故事的人，而是写故事的人了。

为了写好新时代的故事，请母校放心，无论我们身在何处，从事何种职业，都必将坚守北大人"爱国、进步、民主、科学"之精神，用"心"为新，向阳而"生"！

计算建功新时代，扬帆奋进新征程

王业鑫

（计算机学院硕士研究生）

尊敬的各位领导、老师，亲爱的同学们：

大家上午好！我是计算机学院硕士研究生王业鑫，很荣幸在这里代表各位在座的一起毕业的同学发言。

晴空万里、艳阳高照，明媚的天气就像即将离开校园的我们，轻松且自信，也象征着我们具有宽广的成长空间和无限可能性的未来。7年前，也是在同样灿烂的阳光下，我怀着激动又踌躇的心情来到信息科学技术学院计算机科学技术系，开启了未名博雅之旅，迎来了新的人生阶段。

同在座的许多同学一样，园子里的许多角落都给我留下了难忘的回忆。有科研出不了成果时承载我愁思的未名湖，有与师友相约从五四操场奔向圆明园的青春长跑，当然，还有众多食堂里总能发现惊喜的美味。在最美好的年纪于最美好的校园里遇到了众多最美好的的人，共享悲欢，也在个人探索中肆意徜徉、发现自我。在北大，世界变大了。

7 年燕园时光，感谢北大、感谢计算机学院带给我知识的增加和能力的成长，以及灵魂的洗礼与精神的升华。我仍记得老一辈北大计算机人杨芙清院士在计算机学院成立大会上提到的，20 世纪 70 年代，在昌平 200 号北大校区攻关研制每秒运算 100 万次的大型集成电路数字电子计算机（150 机）这一艰巨而光荣的任务。那时候的北大计算机人在一无资料、二无经验、三无设备的情况下，凭着为党争光、为国争气的信念，凭着掌握的基础知识，探索、创新，不怕失败、日夜奋战，终于，我国第一台百万次集成电路计算机和大型多道运行操作系统等软件的研制宣告成功。这一段历史深深触动了我。在近半个世纪后，年轻的计算机学院在历史长河中接过了接力棒，响应"北大新工科"战略，率先入驻新校区，再次回到昌平这片北大计算机人奋斗过的热土上。在新校区的日日夜夜里，北大计算机人发扬前辈艰苦奋斗、为国奉献的精神，扎根建设校园，克服各种生活和学习上的困难，心无旁骛潜心科研，面向国家重大战略需求，深耕国际学术前沿。

当今世界，正值百年未有之大变局，习近平总书记指出，"中国要强盛、要复兴，就一定要大力发展科学技术，努力成为世界主要科学中心和创新高地"，"我们比历史上任何时期都更需要建设世界科技强国"。计算机作为一门年轻的学科，在国家战略的方方面面都发挥着重要作用，操作系统和编译语言铺就了互联网扎实的基础，应用软件和网页提供了生活中丰富多彩的服务，分布式系统和云计算汇聚起强大的算力，媒体编码和网络协议将信息散播到全国各地，物联网与元宇宙将万物联系得更加紧密，信息安全和加密算法保证了安全与隐私，智能算法和大数据大模型为生活提供了更多的便利……如此种种，都彰显了计算机学科对于祖国和民族的巨大价值，也昭示着我们计算机人在新时代高质量发展的新征程中建功立业的巨大舞台。计算机学院梅宏院士团队和高文院士团队分别在 2018 年和 2020 年获得国家技术发明一等奖，这些榜样激励着我们北大计算机人不管是在为人民服务的基层一线，还是在实验室的研究前沿，又或者是在科技公司中创造价值的岗位上，都应该发挥自己的专业所长，为国家和民族作出贡献。

同学们，过去的数年时光中，我们在这座充满着自然、人文和科学气息的园子里成长成才，如今，我们踌躇满志从校园里出发，相信在未来的几十年里，我们将继续保持北大的优良学风和精神品质，不断学习进取，在不同的岗位上发挥自己的才能，为国家富强和民族复兴而奋斗，迈上新征程，不负党和人民对我们的期盼，不负国家和学校对我们的培养。

胸怀天下，筑梦启航

谭绍聪

（智能学院硕士研究生）

尊敬的各位老师、各位校友，亲爱的同学们：

大家好！我是智能学院硕士研究生谭绍聪，很荣幸能与大家在这里相聚。今天，我们将共同见证人生中一个重要的盛典。在这个庄严的时刻，我想向母校、向所有关心和支持我们的师长亲友表达最真挚的感激和最衷心的祝福。

回首往事，我们不禁被许多难以忘怀的瞬间所触动。2020年初，面对突如其来的疫情，我们的课题组毅然放弃了春节假期，在袁晓如老师的指导下开始数据收集工作，在国内最早向公众提供疫情可视化工具集。从疫情暴发，我们始终坚持每日更新数据，尽己所能为社会作出一点微薄的贡献。在过去3年中，我们的身边涌现出很多感人的事迹，彰显了北大人无私奉献的精神，而这场"大考"带来的磨炼，也必将成为我们未来面对困难与挑战的动力。

在北大的求学生涯中，我有幸与造诣深厚的老师们交流思想，与品学兼优的同学们携手共进，逐渐学会以开放的思维和广博的视野，去解决现实世界面临的问题。在北大的数字人文展中，我获得向自然科学、工程技术、人文社科等众多领域学者求经问道的机会；在"北京大学考古100年考古专业70年"特展中，我与考古文博学院合作研发交互式可视化，全方位展示北大考古的重大田野成果；在 China Vis 数据可视化竞赛"中华古籍数字人文创意"赛道中，我带领的团队在中文、历史和艺术学专家指导下，通过数字化技术使王羲之书体重新鲜活起来；在国际顶级挑战赛中，我们又通过数据挖掘和可视分析技术，揭示新闻传播的偏见与人物实体的社会关系，最终以高分斩获一等奖。正是北大"思想自由，兼容并包"的理念，鼓励学术创新和跨学科合作的培养模式，让我们对未知领域的探索和对知识真理的追求成为可能，并在不断学习中培养脚踏实地、仰望星空的科研精神。

除了世界一流的学术资源和设施，丰富多彩的生活也是我这3年宝贵的北大记忆。五四青春长跑、冬季跑、校运会，还有"百讲"的文艺演出、电影放映、讲座分享，让我在汲取知识的同时，体育和美育的素养得到提高，从而为我可以持续全面发展奠定了基础。

北大给予我们的成长沃土，不仅是一种资源的提供，更是一种精神的滋养和传承。在校期间，我有幸见证了智能学院的成立，这是国家和时代赋予北大人的光荣使命。作为国内最早开展人工智能教学研究的单位，北大培养出了一批批勇于探索、敢于担当的人才。而 ChatGPT 的横空出世，再次掀起了新一轮生产力变革的热潮，给人类发展带来前所未有的机遇与挑战。随着大国博弈持续深化，吾辈青年更应该继续奋勇争先，努力突破关键技术的"卡脖子"难题，为高水平科技自立自强不懈努力。

今年5月4日，我参加了北大建校125周年纪念大会。那一刻，我看到了白发苍苍的老教授们精神矍铄，年富力强的中青年教师们意气风发，风华正茂的学子们朝气蓬勃。作为北大的一员，我为母校的辉煌成就感到无比自豪。

亲爱的同学们，作为即将离开北大的研究生，我们即将面临新的挑战和机遇。我们背负着母校的期望和自己的梦想，踏上人生的新征程。让我们永远带着北大的精神，坚定前行。愿我们在各自的领域里创造出更加辉煌的成就，为国家和社会的发展贡献自己的力量。

最后，衷心祝愿各位老师万事顺意！祝愿母校岁岁芬芳！祝愿祖国繁荣昌盛！

生命是不熄的长灯

张钰洋

（第一临床医学院博士研究生）

尊敬的各位老师、各位校友，亲爱的同学们：

大家上午好！

我是北京大学第一临床医学院 8 年制博士研究生张钰洋。非常荣幸能够在这个特殊的日子，和大家分享我在北大 8 年求学时光的体验与感悟。

8 年前的今天，在理科班的我，第一次从纷繁的函数公式中抬起头来，看到了另一个世界——纯洁如雪、炽热如火的医学世界。我坚定地在高考志愿栏目中写下"北京大学 临床医学（八年制）"这十几个字，与这个美丽的新世界建立了初次的联结。

初入燕园，自由的气息和浓厚的学术氛围迅速将我裹挟。第一年的通识教育，从"有机化学""计算概论"到"中西文化比较"和"西方哲学史"，从二教、理教到"百讲"和图书馆，从农园、学五到松林与小白房，每一个角落都写满了快乐的记忆。大二搬到北医校园，又是古朴深邃的另一番气候。基础医学的课程纷繁，遗传解剖的课本厚重，我们深知基础建设的重要意义，遂迎难而上，平日"三点一线"奔波在宿舍、食堂和课堂，考试前小憩于生化楼、解剖楼和逸夫楼的通宵教室。大四前夕进入医院，终于开始实习医生的培训与演练。从面对专业扮演的标准化病人到接诊真实躺在病床上的肿瘤晚期患者，我们逐步实践了医学理论并磨炼了临床技能，更完成了从好奇求知到真切关怀的心态转变。

但是，纯粹的求学之路很快遇到坎坷。进入大五，2019 年 12 月，3 年新冠疫情拉开序幕。学校停课、餐厅歇业，日常生活全线停摆，疫情势头猛涨不下，医院工作仍在继续。2020 年 1 月，半夜接到通知，清晨就已乘大巴出发，北京大学医学部三家直属医院组成的第一批援鄂国家医疗队迅速集结，白衣执甲，驰援武汉。在这支勇敢的队伍中，有中流砥柱的学科带头人，也有负责保驾护航的感控专家；有推迟婚礼的新婚夫妇，也有初为人母的年轻妈妈；有我的带教老师，也有我的师兄朋友。前一天，他们或在各自的专业领域展开独立的探索，或在苦恼于新家的布置、孩子的取名。集结之后，他们便融为一体，面对无情的"生命地震"，他们毅然携手，用责任和使命，与时间赛跑，踏上逆行的前线，重塑摇摇欲坠的生命之桥。

于我而言，疫情前两年，作为一名外科住院医师，由于入院核酸筛查等多项制度的严格保护，被隔离在现场之外，更多是从旁观者的角度，远远地眺望疫情带来的晦暗与伤痛。这一情况在去年发生了变化，两年多艰难抗疫后的全面放开之时，正值我在监护室轮转。感染高峰于 12 月左右开始，外科监护室已然变成了新冠重症监护病房。我与大量新冠患者的密切接触始于"密接"概念正式消失之时，在隔离衣、"N95"和防护面罩的保护下，我与监护室的二线老师共同接诊数十名新冠重症患者，每天与激素、单抗和新型抗病毒药物打交道，随时关注新冠防控指南中关于抗凝指征和俯卧位通气时间的最新建议。同时，一部分基础医学、生物化学专业的学长，为了疫苗研制、药物研发不分昼夜地奋战在实验室一线；流行病学与卫生统计学专业的同学们，来到国家卫健委和中国疾控中心，为更加精准的数据分析与疫情研判作出力所能及的贡献，并借助新媒体平台，利用专业优势投身防疫科普宣教。逐渐地，我们看到，在标准和试验性治疗下，许多病人终于脱离有创呼吸机，顺利出院，但也有病人在家属陪同下说笑着入院，最终却在家属的眼泪中永远无法走出医院大门。那段时间我深深感到，生死交替真的无法掌控。现代医学与科学技术持续高速发展，但仍然会不断有我们解决不了的问题横空出现，挑战我们的认知、逻辑与信仰。

　　然而，虽然解决不了的问题会不断出现，我们挑战难题的热情和厚道的医者仁心却不会泯灭。3 年疫情使我看到，在共同苦难所遗留的百废待兴之中，我们前所未有地联合起来。我们，不仅是北京大学的师生群体，也是身处抗疫一线的医护人员，是在幕后不断创新探索的科研工作者，是创造鼓舞人心的文字与歌曲的文艺才子，更是为了生命摇曳的火光而默默祈祷的每一个平凡个体。

　　生命是不熄的长灯。后疫情时代的我们，再一次感受到蓬勃生机，在毕业之际，在构建与淬灭的不断轮替中，通过目睹人性的光辉与心灵的跃升，燃起对未来更大的希望与无限的憧憬。

坚守信念，追寻所爱

张小帅

（第二临床医学院硕士研究生）

尊敬的各位领导、老师，亲爱的同学们：

大家好！

我是来自北京大学第二临床医学院（人民医院）的内科学硕士研究生张小帅。站在这个毕业典礼的演讲台上，我感到非常激动和荣幸。在这里，我代表所有毕业生，对出席本次毕业典礼的各位老师、领导，以及所有前来观礼的家长和亲友表示最衷心的感谢和敬意！

1998 年《新华字典》修订关于冒号的例句中提到，"张华考上了北京大学；李萍进了中等技术学校；我在百货公司当售货员：我们都有光明的前途"。不知道大家是如何理解这句话的，是充满对张华的羡慕、对李萍和"我"的安慰，还是真心对三人光明的前途充满祝福。我想，至少大家应该不会对张华充满羡慕，因为在座的各位都是那个考上北大的张华。1000 个读者眼中有 1000 个哈姆雷特，我父亲对上述字典里的例句的理解是：张华不一定是最好的那一个，因为李萍进中等技术学校可能是做教职，而"我"在百货公司当售货员可能只是为了体验生活。虽然这只是一次与父亲无意间的闲聊，但却引起我深入思考：如果真是这样，那我究竟为什么而读书？是为了更好地找到一份满意的工作，还是为了实现心中的梦想而读书？

今年是我读书的第 23 年，不过是从幼儿园开始算起的。直到高考结束，面临大学专业的选择时，我才意识到这次的选择不同以往，这个选择可能决定了我未来的四五十年甚至更长的时间在哪个领域、哪个行业深耕。直到那时，我才开始静下心来思考。我的导师也曾经问我为什么选择医学，选择血液病学。走上这条道路的源起，或许是我好奇心驱使下的探索欲和倔强的求知欲。白血病，作为一种看不见、摸不着的非实体肿瘤，对脆弱的人类生命保留了太多奥秘，也埋藏了太多危机。结束医学基础课程学习的我，则是怀着一腔不信邪的热血、一股不服输的冲劲闯入了这一领域，考入中国血液病领域顶级殿堂——北京大学人民医院血液科，立志成为一名优秀的白血病研究者、一名优秀的治疗白血病的医生，为中国的白血病研究和医疗事业贡献我的青年力量。同时，我也深知医学研究一面表现为抽象的理论成果，另一面则牵系着无数患者的生命、无数家庭的期盼。研究者探寻疾病发生发展机制和最优治疗策略的过程，也是为千千万万人谋求健康、幸福、安宁的生活的过程。当我与患者接触、体会他们的痛苦与希望时，我真真切切地感受到"医生"早已不仅仅是一份"工作"，更是沉甸甸的责任与担当。今年是我学医的第8年，如果8年前是因为一腔热血，因为好奇而选择一头扎进医学这个领域，那如今我即将迈入学医第9个年头，准备继续上紧发条踏上未来4年博士阶段的学习，便是因为热爱。北大"兼容并包"的学术氛围，给予我追求真知灼见的有力支持；医学部"明德为先，厚道为蕴，尚仁为本，出新为常"的精神，给予我成长进步的强大指引；人民医院"仁恕博爱，聪明精微，廉洁淳良"的院训，给予我在漫长求学路上脚踏实地、不断进取的源源动力。

回顾这几年在北大的学习和科研生活，我们走过安静的清晨校园，走过人潮涌动的正午和夜晚，也见过凌晨实验室窗外的繁星，这些画面都将拼织成为我以后怀念终身的画卷。感谢北大"思想自由，兼容并包"的胸怀，让我们可以自由选择并勇敢坚持自己的热爱；感谢北大"眼底未名水，胸中黄河月"的气度，让我们永远以年轻、热烈的心，寻求真理，勇攀高峰。也许未来的道路并不会一帆风顺，通往星辰大海的征途也总是充满崎岖艰险，但是无论发生

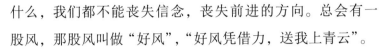

什么，我们都不能丧失信念，丧失前进的方向。总会有一股风，那股风叫做"好风"，"好风凭借力，送我上青云"。

最后，再次感谢全体领导、老师以及家长们和同学们，衷心感谢也祝愿在座的诸位"张华"未来前程辉煌，光芒万丈！我们下个顶峰再见！

承医者之精魄，铸人生之脊梁

韩耕愚

（第三临床医学院博士研究生）

尊敬的各位老师、校友，亲爱的同学们：

大家好！我是来自北京大学第三临床医学院的博士研究生韩耕愚。我的研究方向是脊柱外科。

我想问问大家，对于脊柱有多少了解。脊柱的出现可谓是生命进化的一个奇迹，它让刚进化上岸的爬行动物能够在陆地生存，也为几亿年后人类的直立做好了准备。正因脊柱如此重要，脊柱外科可谓骨科手术界的高峰，是在生命禁区动刀子。

我对于脊柱的认知，是在与患者的沟通中不断提高的。你能想象直不起腰、看不见天空的生活吗？而这是很多脊柱失平衡患者的生活。因尚仁，而出新。让他们挺起腰杆是所有三院骨科人的初心，也成为我的目标。于是，在导师的指导下，我们在国际上首次构建国人肌肉退变基线，并提出肌肉术前评估标准。未来，我们将不再跟在国外标准后面走。近年来，"临床医学+X"的实施、怀密医学中心的建设，北大医学部每一所学院的精诚合作，正是为了每一位患者能够挺起脊梁，也是为了中国医学挺起脊梁。

我与北大医学已共同走过近 8 年的岁月，我的医学之脊梁也在北医的传承中不断成长。渐渐地，我从医学生转变为一名医师，从学生成长为一名学者。

犹记得我第一次成功抢救一位脓毒性休克心跳骤停的患者。回想当时的心情，如果说没有惶恐和紧张是不可能的。但我记住的，还有冷静。跪下进行胸外按压、紧急连接起氧气面罩、举起除颤仪电极板……直到看到心电图的直线重新规律跳动。这份冷静，是曾经老师们在拯救生命时手把手传递给我的，而我又用它去延续患者生命。

知识的传承，像脊柱一样联结起医者们百十年来的授业事业。

和各个专业的同学围坐在一起，会发现我们早已冲锋在医院、实验室、流调现场等各自的一线。彼此一交流，发现大家都回想不起是从何时开始便学着前辈们的样子，做好人民健康的守护者。或许是在看到乔杰老师带领北大医学援鄂医疗队在疫情暴发时逆行出征、无惧生死的时候，抑或是初入北医校园，在解剖楼陈列室看到老校长胡传揆教授那屹立不倒的遗骨的时候。8 年时间，北医的"明德厚道"正一笔一划刻在我们心上。这是一代代北医人骨气与志气的传承。

精神的传承，像脊柱一样支撑起医者们百十年来的传道事业。

我只是北医学子中的普通一员，我和我的同学们将在医药卫生领域不断深耕，让明德厚道、尚仁出新的精神绵延在中国大地的脊背之上。

最后，希望我们每一位同学在走出校园之后，都能够挺起自己人生之脊梁，在各自的专业领域支撑起属于自己、属于家人、属于国家的那片天空！

坚定选择，奔赴热爱

刘宁宁

（精神卫生研究所博士研究生）

尊敬的各位老师、校友、叔叔阿姨，以及我亲爱的师弟师妹们：

大家上午好！我是精神卫生研究所的博士研究生刘宁宁。

今天，我毕业了。在这个特殊的日子，非常荣幸能站在这里，和大家一起回望燕园求学的这几年，也非常感谢各位老师、校友和朋友，今天能来见证我们生命中的重要时刻。

很奇妙，站上这个讲台，我看到了5年前的自己，我就坐在下面的位置，看着自己的学长走上自己所坚定选择的道路。而彼时临床医学本科毕业的我却站在一个选择二级学科的交叉路口，有些迷茫。很长的一段时间里，我一直在纠结一个问题：到底是选择泌尿外科，还是整形外科呢？最后，经过仔细思考和慎重抉择，我却选择了精神科。

5年前的自己，只知道决定的重要性，却不知道决定的正确性。今天，我终于可以骄傲且自豪地告诉自己：当时的选择没有错！

北大，是我幸运的开始。我做了正确的决定，在正确的道路上努力奋斗。在这里，我收获了许多珍贵的情谊，也参与了来自北大脑科学的盛宴，更传承了这里严谨治学的意识和护佑生命的精神，其中我最感谢的，是北大医学教育研究所给予了我自我接纳的勇气。在这里，我收获了成长，更心怀感恩。

选择一个职业并脚踏实地地前行，一如选择了一个信仰去一生遵守。我认准了儿童精神科，便致力于让所有的"花朵"灿烂地盛开。其实儿童精神科是一个十分特殊的领域，我们面对的往往是一群特殊的孩子和他们的家庭。青少年抑郁症、孤独症、自闭症……这样的名词虽然屡见不鲜，但是我国专业的儿童精神科医师却是十分稀缺的，所以我们也被叫作"熊猫医生"。孩子，往往是一个家庭全部的希望，我的导师给我讲过一个她亲身经历的故事。多年前她负责过一个患有抑郁症的孩子的治疗，在她的精心治疗下，孩子的病情逐渐好转。出院后，这个孩子没再来过医院，直到很久之后，孩子的妈妈来到我导师面前，说出院后，孩子的病情一直控制得很稳定，但后来由于自行停药，病情恶化，永远地告别了这个世界。但即便如此，她依旧非常感谢我的导师当时给予他们的支持和帮助，那是一个家庭灰色阴霾下的一点光亮和色彩。这让我的导师更加坚定了在这条当时看起来如此"孤独"的道路上走下去的决心。

我进入医学教育研究所之后，遇到了很多备受精神煎熬的孩子，那些六七岁时别人眼中"自制力差""没有希望"的"坏孩子"，那些曾经陷入不自信的深渊甚至希望永远告别这个世界的孩子，他们或是他们的家人求助至此，一定是想要获得坚强活下去的机会，在另一种意义上，这是求生的本能。我们是医生，肉体和精神上的救死扶伤同等重要。经过长期的治疗和干预，他们考上了大学，找到了自己喜欢的职业，那些"年少已知愁滋味"的孩子，经过医治不再伤害自己，重新回到校园。我从这些剪影里，看到了我们勤恳求学的意义，看到了我们钻研学术的意义，看到了我们坚定信仰的意义，就是让这些孩子重见光明，让这些家庭重拾希望。精神疾病已成为一个平凡家庭肩头的大山，而我们要做搬离这座大山的"愚公"。

在北大的这5年，我有许多无法忘记的画面。

怀揣着这样的信仰，当我凌晨走出门诊楼大门向上仰望的时候，总能够看见长明的灯光，那是北医人的初心。在这长明不息的灯光里，我明白了作为一名精神科医师需要承担的责任与使命。直到今天，我也依然不曾忘记临床上老师们对患者耐心和温柔的话语、安抚的动作和神情里流露着的仁心与关爱，这些让我认识到一名合格的精神科医师，不仅仅要有扎实的医学知识，更需要有对患者和患者家属的同理心。直到今天，我也依然不曾忘记每一个脑科学相关的学术会议上，学者们激烈而又客观的讨论，让我看到了这个学科的未来，也看到了这些特殊的孩子和他们背后每一个家庭的未来。

5年求学生涯，我深情感恩这里的一切。我看到了教授们忘我的工作态度，也明白了工作和学术与诗和远方是不矛盾的。让我动容的，不仅仅有严谨治学的科学精神、"脚踏实地的理性主义"，更有赓续传承的人文关怀。未名湖畔陪伴我畅聊科研难题的小伙伴，还有导师特意打来的"注意身体，不要太辛苦"的电话，让我认识到原来不完美和平凡的我依旧会被接纳，也被那么多人深深挂念着；每一次做到很晚才结束的实验之后送我们到宿舍楼下的校园巡逻车师傅总是笑眯眯地问候我们"辛苦了"。他们与北大融合在一起，给了我家一样的温暖。

我想，无论走到哪里，我都不会忘记戴锦华老师温柔而又有力的电影导赏，北大美食节"网红爸爸"的鸡蛋灌饼，燕园百余种飞禽鸟兽与繁花俏簇，"文武双全"的保安小哥哥，以及脚下的这片满载青春、滋养我不断前行的沃土。

今天，相信你也和我一样，"北京大学"这4个字已成为刻在我们身上的铭牌和信仰。我发自肺腑地想要对北大说一声：谢谢！5年来，感谢你的包容和接纳，让我有了成长的空间，让我认识了这么多有趣的伙伴，见到了这么多纯粹的老师，看到了如此缤纷的世界，也收获了一个"野蛮生长"的自己。5年来，感谢你的培养和指引，让我们对未来多了一分勇气，也让我们知道，作为北大人，胸中装的不仅仅要有"未名博雅"，更要有"家国天下"！

我亲爱的同学们，感谢过去在燕园的相遇；未来，让我们继续携带坚韧和勇敢奔赴自己所热爱的山海。就让我们坚定地选择自己的方向，背上理想的行囊，泛舟沧海、立马昆仑，带着"北大人"的名字，以最好的自己，迎接崭新的明天吧！

戴好人生的保持器

陶安琪

（口腔医学院博士研究生）

尊敬的各位老师、校友，亲爱的同学们：

大家好！我是口腔医学院博士研究生陶安琪。

我们总爱记一个日子，拥有一个幸运数字。今天，我的幸运数字是1769，对应的是1769天。这是个什么日子呢？1769天前，我迈进了北大校园，拿到印着我学号的这张北大红的校园卡，从此，我的人生开始与北大联结在一起。

或许，很多人与我一样曾听过这样一句打趣的话："今日我来到北大，我以母校为荣；来日我离开北大，我还以母校为荣。"5年来，我始终以北大为荣，而今即将学成毕业，这句曾当玩笑说的话，渐渐变得像是个严肃的命题。我开始思考，我在北大学会了些什么，而我又能回报北大些什么。北大，像是一顶王冠，在1769天前与我关联并给予我荣光，也在1769天中赋予我责任与使命。欲戴王冠，必承其重，但是作为一个口腔科大夫，我好像做不到拔尽天下智齿，使所有肿瘤痊愈。相反，我每天仍然在为患者一天刷几次牙，每次坚持几分钟而宣教得口干舌燥，为将"蓝色生死恋"①反复翻阅却总也回答不上来老师的提问而懊恼，为不齐的内参而在实验室将样本在胶板里跑了一遍又一遍。尽管无法做到尽善尽美，但我们可以做好自己的本职工作。珍惜每次宣教机会，做大众喜闻乐见的新科普；不缺席每次跟诊学习机会，在一例一案中提升临床思辨能力；严格控制实验条件，在反复求证中大胆探究疾病的发病机制。

过去5年让我感触最深的，是我参与了一个为期3年的个人纵向课题——牙齿矫正，身为医生的我变成了别人的患者。拔牙、片切，换来牙齿排齐的空间；酸蚀粘接，一颗颗托槽固定着每颗牙移动与旋转；弓丝加力，循着托槽固定的方向牵引着牙齿的移动。一次次加力，让原本错乱的牙齿排列得整齐。在一次次酸痛中，看见正畸对容貌的改变。

如今我的正畸接近尾声，一如在北大5年的学习也即将结束。正如粘好第一颗托槽，摆正托槽的位置开始，刚来北大时的我们选择各自喜爱的学科，决定未来的方向，

---

① "蓝色生死恋"指人民卫生出版社出版的医学课程教材，包括内科学、外科学、诊断学、生理学、生物化学与分子生物学等，教材封面为蓝色。——编者

进行职业规划。感谢北大，让我们随性自由，在尊重每个学生天性的同时，赋予我们无限的创新意识，让我们敢想敢梦；感谢北大，系统规范，让我们接受系统性的理论学习与操作实践，让规范化治疗成为每个人最基本的出厂设置；感谢北大，是我们的底气，我们在这里成长，这里也永远是我们最有力的支柱。

而正如摘下托槽的我，又将带上牙齿的保持器一样，离开这座园子，我们也要始终带好人生的"保持器"。奋斗正青春，"医"心为人民。对于我们青年医务人员而言，牢记医者初心，不忘来时使命，我们应当始终守护人民群众的生命健康，使自己的医者人生，与时代和人民的需要同频共振，与"健康中国"的建设与发展同向同行。

对于我们所有的北大毕业生而言，来时，北大为我们粘上第一颗托槽，指引我们缓缓移动的方向；如今毕业别离，我们即将离开这座园子，如星火一般散落在祖国大地，摘下托槽的我们也要戴好人生的保持器。我们应当铭记北大精神，牢记青年之魂，在走向社会、走向各自岗位的道路上，在新的磨炼中不断检验我们在这一方天地学到的点点滴滴。带着"坚定理想信念、练就过硬本领、勇于创新创造、矢志艰苦奋斗、锤炼高尚品格"的美好希望，以实现中华民族伟大复兴为己任，不负时代，不负韶华，不负党和人民的殷切期望！

眼底未名水

看不见，听得到

王子铭

（物理学院本科生）

尊敬的各位领导、老师，亲爱的同学们：

大家好！在北大这几年，大家有没有看过夜晚的天空？有没有看到博雅塔上的明月、静园草坪上的星星，以及未名湖上方若隐若现的云雾？在仰望星空时，大家有没有想过，我们最远能看到什么？

我是物理学院天文系本科生王子铭，我的专业方向是天体物理。想要看到遥远的星星，我们可以借助精密的望远镜。而对于更远的、望远镜都看不见的东西，我们需要去听星空的声音——引力波。它是星星在时空中激起的涟漪，是星星唱出的"歌曲"。在北大的这4年，我也有许多经历和沉淀，它们看不见，但听得到。

4年前，我踏入北大，想要通过引力波听到更遥远的星空。然而，这份向往与期待在我刚入学时曾一度被磨灭。不知道在座的各位，这4年间有没有哪一门课学得特别痛苦，有没有因为学不会而怀疑自己是否适合这个专业。大一的一次高数考试，我拿到了迄今为止的最低分。还没看到星河灿烂，内心就蒙上了一层阴霾。"连眼前的题都做不出来，还妄想看见遥远的星空？"天文学的背后，是深奥的数学物理，是严密的推导计算。它们如迷雾一般笼罩在我眼前，拦住了我探索星空的去路。

这份痛苦和迷茫，我不好意思跟同学说，也不愿跟家人讲，甚至不敢面对高数老师。在一节物理课的课后答疑中，我鬼使神差地向老师提问："怎么才能学好高数？"话一出口，我马上就后悔这有些跑题甚至失礼的提问。老师却笑了，仿佛早就看到了我眼中的迷茫。他耐心地给我讲了一个多小时，安抚了我焦虑的内心。虽然对当时老师说的话早已记忆模糊，但那个充满鼓励的微笑却一直刻在我的脑海中。

在拨开迷雾的过程中，我还有一帮同学、朋友的陪伴和支持。我和几个同学组建了"天体物理讨论小组"，每周分享天体物理的前沿知识。有趣的是，让我收获最大的，不是对天体物理的深度讨论，而是讨论前后大家分享的日常生活、逸闻趣事。一起讨论的时光，既有远在天边的星海探索，也有近在咫尺的欢声笑语，温暖我前进的道路，让我不再孤独无助。

在北大，有许多重要的事情是"看不见"的。我看不见习得的知识、提升的能力和成长的人格，我也看不见老师的鼓励、同学的陪伴和北大的包容。但我听得到。我听到它们在说："没关系，再往前走走，再试一试。"在北大，这种无形的声音一次次帮我找回了信心，给了我继续前进的勇气和底气。

我们都是北大的孩子，我们在星空下奋力奔跑。在天文学、物理学乃至整个科学的发展中，更有无数前辈在朝着"看不见"的目标奔跑。100 年前，引力波作为理论预言被提出；100 年后，人类才第一次探测到它。人们在这漫长的 100 年中有许多困难与迷茫，不仅看不见引力波，甚至无法确定引力波是否存在，但仍有许多人为它奋斗终身。我想，在看不见未来时，他们听到了自己心中坚定求知、不断求索的声音。正是这份坚定与执着，鼓舞他们重拾信心，不断前进。科研，是对人类认知边界的拓展，科研人注定要冲入迷雾之中。在那些"看不见"目标的时刻，我们更应该仔细聆听。

北大静园上方的夜空，仍然是 4 年前的模样。如今，当我再次仰望时，我听得到星空的召唤。未来，我将继续在北大攻读天体物理引力方向的博士学位，"聆听"这些看不见的涟漪。而北大，正是这样一片激起涟漪的星空。在之后的旅途中，我们仍可能会遇到迷雾，感到迷茫。那时，也许我们要侧起耳朵，"聆听"那些荡漾的涟漪。

常念燕园，无悔青春

冯来仪

（化学与分子工程学院本科生）

尊敬的各位老师、家长，亲爱的同学们：

大家上午好！

我是化学与分子工程学院本科生冯来仪。首先，请允许我代表全体毕业生向辛勤培育我们的学校、师长，默默支持我们的家人，保障我们日常生活的后勤职工致以最诚挚的感谢。

对我们每个 2019 级本科生来说，这 4 年是非同一般的。新冠疫情席卷全球，与之前的 SARS-CoV、MERS-CoV 相比，这一次病毒感染性最强、死亡人数最多，是全人类面临的一场严峻挑战。突如其来的疫情面前，有白衣天使奋不顾身的身影，有基层工作者夜以继日的工作，有科研人员与病毒争分夺秒的斗争，更有学校老师为我们的坚守与付出。

与抗击新冠病毒相关的多个领域，如致病机制、诊断医治、病毒进化、药物设计、疫苗开发等，都有北大科研工作者的卓越贡献。这些成果背后，是实验室常亮的灯，灯下的人决不因失败而屈服；是甘愿暴露于病毒环境中的坚守，是守护数十亿同胞的决心；是个人命运与国家命运、与人类命运无法分割的紧密联系。这也给在基础学科领域深耕的我们莫大的力量——实验室里不计其数的日夜、屡次失败又重来而获得的实验结果可能将关乎国家战略和国计民生。

化院学生常戏称自己为"砖工"，因为在纷繁复杂的分子世界里，让这些分子听从指挥，构建如人所愿的化学反应并非一件容易的事。我在化院来鲁华教授课题组参加本科生科研，参与设计新冠病毒主蛋白酶抑制剂。这是一场别开生面的探险，算法中每一个参数都要细致入微地优化，每一个输入都需要仔细检查，正所谓"失之毫厘，差之千里"。实验中，仍会有很多不在原有设定范围内的变量影响最终结果，而每一个不如意的结果背后也指向了不同原因。我们只有不断重复与调整，才能找到问题的关键所在。略显单调的过程教会了我：科学研究要"坐住、坐稳冷板凳"，要"宁拙毋巧"，要下功夫。在长期积累中，才能"拙中生巧"，拿出成果。科学研究的道路是崎岖的，但每每想到课题研究的意义，总会油然升起支撑前进的内源动力。在尽快建设世界科技强国的前进方向下，从事基础学科研究的我们，更要有将"冷板凳坐热"的决心，秉持科学精神，克服困难，排除干扰，服务国家战略，实现自身的理想和价值。

4 年的学习生活中，极富挑战的课程与课堂，培养了我们克服困难的勇气与决心；"爱国、进步、民主、科学"的精神深深扎根在我们心中，让我们思考并自觉肩负起时代赋予我们这一代人的使命。如今的世界仍在飞速变化，GPT 语言模型一举成名，一场关于人工智能、关于算力的激烈竞赛浮出水面；新冠疫情中，特效药在国内外的价格有着天壤之别……这些都让我们深刻意识到：科学虽无国界，但科学家有国界、技术有国界、工业制造有国界。时代进步的脚步从未停歇，无论我们将来去向何方，从事何种工作，不仅仅要考虑个人的发展，更肩负着国家的未来，我们做出的改变，也必将在人类命运共同体中产生回响。

4 年前，站在成府路的路口，我们来到心中的圣地；4 年后，我们无悔当初的选择，背上北大送给我们的珍贵行囊，去江南塞北、城镇乡野发一分光、一分热，拥抱胸中黄河月！

学在北大，心怀天下

狄 琳

（生命科学学院博士研究生）

尊敬的老师们，亲爱的同学们：

大家好！

我是生命科学学院博士研究生狄琳。

很荣幸能够在这样一个特别又美好的日子里，与大家分享我在燕园的点点滴滴。

记忆穿过时间，回到入学的那一刻，最初的我也曾懵懂、迷茫。相信很多在座的同学和我类似，读博士尤其是读基础学科的博士从来都不是一个能轻易做出的决定，我一次次问自己：真的有将"冷板凳"坐穿的决心吗？真的有面对失败的勇气吗？真的有探索未知领域的能力吗？对于刚刚本科毕业的我来说，答案总是不确定的。但在燕园的5年科研生活里，我有幸找到了这一切的答案，明确了基础研究的意义，也坚定了自己的信念与方向。

北大给我最初的印象是温暖的、包容的，滋养着初生牛犊般的我。我的导师是化学与分子工程学院的黄岩谊教授。进入黄老师的实验室，对当时的我来说还是需要一些勇气的。记得在生科院夏令营时，谢晓亮老师与我面谈后便说我很适合黄老师的实验室。随即就让秘书领着我敲响了黄老师办公室的门。第一次见面，黄老师说他组里的学生什么都要会，包括编程、电路之类的。而面对两位只曾在网页和顶级文章中让我膜拜却又亲切的学者，当时只有传统生物学背景的我也不知道哪来的勇气，说了一句"我可以学"，便开始了我充满挑战的科研旅程。

现在想来，进入课题组，除了勇气，更多的是运气。

在组里，课题研究涉及生物、物理、化学等各个专业的协作。不仅是在我们课题组，在生科，在北大，学科的交融无处不在，不同专业的师生协同合作，不同领域的思维相互碰撞，绽放出绚丽的火花，孕育出丰硕的果实。博士 5 年，我所收获的不仅仅是专业上的深度，更是认知上的广度。

增长学识的同时，收获更多的应该是个人的成长。相信成为具有独立性的科研人这件事对于每一位研究生来说都是一个挑战，我也不例外。我的第一个课题是开发一个新的核酸测序方法，起初是师姐带着我做。当时对一切都抱有强烈新鲜感的我，无比感叹于学校科研平台的强大，好像自己真的已经成为一名"高大上"的科研工作者了。但无忧无虑的日子很快过去，师姐毕业离组后，我就必须独立推进课题，而这才是我真正成为科研工作者的第一步。独立的过程是无比艰难的，当时的我不仅要捡起之前的化学知识去设计实验，同时还要自学编程分析测序数据。虽然在遇到困难的时候，我总是本能地开始打退堂鼓，但我也知道没有人能再手把手牵着我走了，所以只能逼着自己沉下心来不断地去试错。那段时间，失败是常态，有过熬一个通宵做实验却发现结果不理想而无比沮丧的时候，但也有过突然想到一个新点子而欣喜若狂、一整晚睡不着觉的时候。现在回过头来想，那些曾经以为的困难也都被自己一一克服了。一次次的柳暗花明让我逐渐建立起了在科研上的自信，也开始觉得科研是一件让人充满成就感和幸福感的事情。

"眼底未名水，胸中黄河月。"在体验基础科学魅力的同时，自己的工作是否对社会有价值，是否对国家有贡献，也是北大研究生心中时常会有的问题。而我比较幸运，在博士期间就找到了答案。2019 年末，我的第一个课题见刊发表，而新冠疫情突然暴发，几乎所有人都被迫滞留家中。当我以为一切要停摆时，合作老师提出，我们的核酸测序方法又快又好，完全可以应用于新冠研究。这让我顿时心潮澎湃了起来，马上便进入备战状态，在导师指导下展开一次次的头脑风暴，让实验方法更适合于新冠临床样本特点。面对病毒这个陌生的领域，我短时间内查阅了大量文献，熟悉了新冠病毒的特点；一次次地设计、讨论、修改，再讨论；每天要开好几次会，确认实验进度；测序结果有时是半夜下机，便得定好闹钟凌晨爬起来下载数据、分析数据。我们都明白，与病毒抢时间，一刻也不能耽搁。在几个实验室的共同努力下，我们的新方法终于能够在短时间内以较低的成本产出高质量的数据，而且成功地揭示了患者体内与新冠病毒共感染的病原体以及新冠病毒在宿主体内的突变特征。不久之后，我们的方法就应用于实际。北京新发地市场的疫情暴发，疾控中心与我们展开合作，用我们的新方法对大量患者和环境样本进行测序。测序任务又重又急，每个人都绷紧了弦，熬夜分析、凌晨起床、第一时间反馈最新结果成为常态。经过多方努力，我们最终确认了疫情的来源，揭示了冷链运输是新冠病毒传播的新途径，为制定下一步的疫情防控措施提供了重要依据。随着新方法应用于新冠的研究被一次次发表在杂志上，我的名字也与北大产生了更加深刻的联系。我意识到，作为一个北大学子，我也为社会贡献了一份北大方案、北大智慧和北大力量。

5年的科研旅程，我切身感受到做基础研究的意义远不止个体好奇心的满足和个人成就的获得，还在于真正去助力解决与人民群众生命健康息息相关的实际问题；作为一名技术开发者，发文章也远不应是我追求的目标，将所开发的技术不断完善、使其真正能够投入使用才是我应当不懈努力的方向。感谢北大为我提供了广阔的平台，感谢学院精心的培养，感谢老师们悉心的指导，感谢身边温暖过帮助过我的人。是你们，让我的 5 年博士生涯辛苦中有收获，困难中有力量，迷茫中有信仰。褪下青涩的我，未来也仍将立志于深耕生物技术研发领域，希望能为生物学研究提供更多价值。

最后，衷心祝愿每一位学子都能够找到愿为之奋斗终身的理想，保持纯粹，永远向上——为一个更好的自己，为一个更好的国家，也为一个更好的世界。

北大教会我们的

陆薪莲

（心理与认知科学学院博士研究生）

尊敬的各位老师、各位校友，亲爱的同学们：

大家上午好！我是心理与认知科学学院博士研究生陆薪莲，非常荣幸也非常激动能站在这里，作为毕业生代表发言。"代表"二字实然是沉甸甸的，我深知我只是"北大人"中的普通一员，站在毕业的路口，回望我们共同走过的来时之路。

时间果然是有加速度的，不知不觉已经在学校待了近9年。我还清晰记得2014年开学典礼上，王恩哥老校长祝贺我们站在了实现更大梦想的新起点上时，我热切激动又冒失的心情，仿佛人生的棱角都会被北大的砂轮磨平，未来一定美好幸福。后来才发现，砂轮磨平了我们的棱角，但追逐梦想路上的坎坷和困难并没有因为考上北大而减少，只是我们会在北大精神魅力的感召下成长起来，逐渐铸就"守正"的主心骨，学会以更平和从容的心态和更积极勇敢的行动,去面对和克服困难。我想这种"事不避难,义不逃责"的精神也是专业本领外,北大教会我们的最重要的技能之一。

这里还想跟大家分享的一点感受是,我本科就读于医学部,那时我在校本部修习心理学双学位,心理学和医学的背后都离不开生理机制。具体来说,我们都知道,研究任何疾病,都无法避免研究疾病产生过程中的生理病理机制。其实,不仅是疾病具有生理病理机制,很多心理现象的研究也无法回避其产生的生理因素。我在读博期间研究的生理心理学就是探讨心理活动的生理基础和脑的机制。还记得当时每次往返于两校区,都会注意到地图上学院路38 号是"北京大学医学部",而现在则变成"北京大学医学部校区",这也是医学部和本部从"合并"到"深度融合"的小小缩影。如今,"北大医学"理念深入人心,我们拥有了共同的医学部校园和燕园,拥有了更全面的学科、更大的物理空间和更开阔的精神世界,这令对两个校区都有着深度情感联结的我无比兴奋。

2020 年新冠疫情暴发之初,北大 3 家附属医院及其 3 位院长、4 批援鄂医疗队、426 名医护人员迅速奔赴武汉前线,为全国疫情防控取得阶段性胜利作出重要贡献。看到身边的师长白衣作甲,以实际行动展现北大人的担当奉献,我敬佩不已。也在第一时间主动申请加入社区疫情防控工作，尽管我的申请屡次被拒绝，但作为一名北大人、北大医学人，作为一名党员，我太希望能被"用得上"了，在几次申请接连被拒后，我终于如愿穿上了志愿者马甲。行走在入户摸排的第一线，也站在点位值守的最前方：与居家隔离和集中隔离的居民建立线上联系，积极回应和疏导他们的不安情绪；真诚关心生活困难的独居老人、空巢老人和失眠患者等特殊群体；在观察到社区内中小学生对"线上复学"的不适应后，我设计了系列直播课程，为中小学生及其家长搭建了一个疏解情绪、答疑解惑的交流平台。志愿服务过程中，我走进了更多人的生活，交到了上至90岁、下至6岁的新朋友，也收获了"关键时刻站得出来"的自我认同和踏实心安。学校还有很多做得比我更好、比我更多的先锋榜样，在去年的校园疫情防控工作中，他们总能迅速响应，以实际行动展现北大人的担当。在此，也向所有参与疫情防控工作的老师、同学和后勤工作人员致敬：你们辛苦了。

上个月，习近平总书记再次到河北雄安新区考察，我们看到，经过6年规划建设的雄安新区已经雄姿初现。这里想跟大家分享一个小故事，2018年我刚进入心理与认知科学学院时，就参与了学院学硕党支部与雄安新区淀南中学（一所乡镇中学）的红色"1+1"共建活动，邀请新区师生家长80余人来北大参观学习。5年来，我先后以本科生党支部书记和学硕党支部书记的角色，牵头组织了近10次线下活动和"解忧信箱""连心讲堂"等多个长效的线上活动，服务雄安新区安新县师生家长近万人。3年前，在为淀南中学初三同学开展的中考加油活动中，我画了一枚书签，上面写着："淀南少年强，逆风勇飞翔。"我想表达的是：尽管生活在物质条件相对困难的乡镇，但勇敢的少年也能飞向高处。前年，在和这所中学的校长深入沟通之后，我们将这句话改成了"淀南少年强，乘风勇飞翔"，并写在了教室墙面和学校宣传栏。少年们生在了一个好的时代，他们要乘着新时代的东风，乘着雄安新区发展的东风，飞向广阔天地。事实上，这几年我们也的确见证了淀南中学学校硬件条件和学生风貌的大变样，我们的活动也逐渐拓展到了新区更多所中小学。我和我们支部的同志们，也为能亲眼见证并切身参与到祖国建设的伟大事业中而感到自豪，期盼未来我们能陪伴更多的雄安少年，一起乘风飞翔。

同学们，我们在北大收获了最美好的青春年华，也在成长的道路上遇到了良师益友，他们是我们人生的珍贵礼物。最后，请允许我代表2023届全体毕业生向悉心培养我们的各位领导、老师，向勤勉奋斗的同学们，向辛勤工作的后勤人员，以及默默支持和鼓励我们的亲友们，表达最诚挚的感谢与敬意！也祝愿在座的每一位毕业生，永远精彩热烈，不惧困难，怀抱希望，书写属于自己的时代答卷！前路不会平坦，但前景必定光明辽阔！

我在北大获得了什么

何晓歌

（考古文博学院博士研究生）

尊敬的各位老师，亲爱的同学们：

大家好！我是考古文博学院博士研究生何晓歌。非常荣幸能够在这样一个对我们每个人来说都最为重要的时刻作为毕业生代表发言。首先请允许我代表全校所有的毕业生，向引导、陪伴我们成长的学校及师长们表示最崇高的敬意和最衷心的感谢。

从本科入学算起，今年已经是我"北漂"的第11年——4年本科、3年硕士、4年博士，我的学生时代进入了倒计时。在这样一个时间点上，我反复问自己：这11年的求学时光里，我都获得了什么？我想，我得到的最重要的东西：一是探寻志向的过程，二是躬耕田野的经验，三是科学研究的训练。

对于很多同学来说，对未来的想象都是逐渐清晰起来的。我一直觉得自己是一个很幸运的人，因为我在这11年的学习生活中找到了自己志之所在。很多人面对考古学系学生的第一个问题都是：学考古很辛苦吧？但我从来不觉得这辛苦，反而觉得这是自己的幸运。能够找到自己真正喜欢的东西已经很难得，而能在自己真正喜欢的学科里学习那么长的时间且将来还可以做着自己喜欢的事情并以之为生，这是多么值得庆幸和感激的一件事情啊！虽然我本科和硕士阶段都在历史学系，但这些学习经历都是为我找到考古这个志向进行的有益积累，所以我从来没有感觉到断裂，反而觉得一切都是水到渠成。这些学习经历让我在从书本、课堂走向田野的时候，有了更多的底气。当然，这种对自己志向的探寻永无止境、探寻途中的阴晴雨雪也都是宝贵的财富。

考古是一个小众的学科，尽管如今它得到了越来越多的关注，但真正的一线田野和研究工作依旧是冷板凳。田野是考古人最好的课堂，我们的工作就是要耐得住"面朝黄土背朝天"的寂寞，而有些人认为是"与世隔绝"、难以忍受的田野生活却是让另一些人返璞归真的桃花源。我还记得在殷墟第一次拿起手铲时的神圣感，第一次亲手摸到商代的陶片时，仿佛是直接与3000多年前的古人握手，彼时历史便拥有了实感。在周原，我第一次参加大规模的系统田野实习，老师们手把手地教我们怎么清理一个灰坑、一座墓葬，怎么辨认陶器的器形和年代，怎么理解遗迹之间的叠压打破和功能关系，以及怎么与各种各样的人相处。在朝夕相处的日子里，我感受到了"言传身教"的力量。当然，田野工作确实既浪漫又艰苦。我们曾在骄阳似火的炎天暑日穿越密不透风的青纱帐，也曾在北风呼啸、大雪纷飞的三九天里用探铲钻开冰封的土地，只为寻找地下一段城墙的线索。村民们常常问我们：你们到底在找什么？在外人眼中，我们花费大量时间、精力所寻找的，不过是残砖烂瓦甚至只是一些泥土，但在我们眼里，这些蛛丝马迹都是我们探寻历史、与古人对话的关键桥梁。相信所有在各个领域深耕的你们，也都能体会到这种独属于自己的快乐。

科研是一个博士生最重要的任务，我也在读博期间逐渐感受到了科研的乐趣。但是一开始，我还是一个连句子都表达不清楚的人，甚至连书面用语、标点符号都不能掌握。我也曾在图书馆面对卷帙浩繁的考古报告和文献资料无从下手，在实验室里面对复杂到没有规律的数据抓耳挠腮，在田野发掘现场面对分不清的土质土色、想不明白的遗迹关系而刮了一遍又一遍。但我渐渐发现，在长时间的田野中我积累了材料，在大量的阅读思考中我找到了问题，在不断写作中我磨炼了文笔。当我终于将材料整理清晰并从中找到了研究思路的时候，当我排除了错误数据和方法的误导而得到了理想结果的时候，当我终于在地上多画出一条线、多认清一组关系的时候，那种豁然开朗的兴奋更加使人着迷，而正是这种兴奋推进我们继续在科研的道路上披荆斩棘。

今天之后，我们都要开启全新的旅途，希望大家都能够继续保有学生时代的纯粹与天真。祝大家前程似锦！

在燕园，走好青春之路

张　鑫

（信息管理系硕士研究生）

尊敬的各位老师，亲爱的同学们：

大家好！

今年是我在燕园的第 8 年，很荣幸与老师、同学们在北大一起走过 8 年时光。在这宝贵的 8 年时光里：我曾在刚入校时作为"游客"拍下了未名湖北边一池荷花在雨中轻摇曼舞的景象；作为本科生时，从早上 8 点到晚上 10 点，穿梭于各个教学楼；担任辅导员时，与我的学生们风雨同行、一起成长……而今，作为一名即将毕业的研究生，回望在燕园的点滴成长，我感恩于学校和院系对我的培养，让我在燕园走好自己的青春之路。

初入燕园，学习校史是我们的第一课，在世代相传的北大精神中，我明白了要以理想信念引领青春路。1920 年，李大钊指导成立"北京大学马克思学说研究会"，并设立了"亢慕义斋"。"亢慕义斋"是中国最早的以收集和传播马克思主义文献为使命的图书馆，目的是将西方马克思主义学说与中国文化传统相结合，成为马克思主义中国化的初起。"世界上不乏建校几百年的学校，但从来没有一所大学，能够像北大这样，与国家民族同呼吸共命运"，也从来没有一所图书馆，能够像北大图书馆这样发扬传统、继往开来。作为北大图书馆的初心所在，革命的星星之火通过亢慕义斋的藏书点燃了振兴中华的希望。信息管理系的前身是图书馆学系，作为一名信管人，我们传承的是北大图书馆人的使命担当，是革命前辈无比坚定的革命信念，是光芒永续的北大精神与家国情怀。学四史、守初心、燃青春、担使命，以理想信念引领青春路，是我们未来走向人生新阶段的重要根基。

学在燕园，感受学科魅力，磨砺专业技能，感受时代需求，我认识到要以专业本领铺就青春路。信息管理是一个既传统又现代，既有继承又有创新，既有人文关怀又有先进技术的领域，是一门古老而不神秘的学科。学在信管，便立志要成为"有文化、懂技术"的信管人。还记得系里有一款备受师生喜爱的经典文化衫，上面写着"信以通达，管则治世"。所谓"信以通达"，是指通过搜寻与获取信息，达到"通晓事理，洞达人情"的目的；而"管则治世"，是指通过管理的手段，对获取到的海量信息进行挖掘、整合与分析，从而充分有效地利用这些信息，来达到"治世平天下"的目的。信息时代呼唤多元化的人才，面向数字社会、智能时代的发展需求，图书情报学学科面临极大的机遇和挑战。而搜索推荐、信息茧房、数字鸿沟、信息孤岛、智库建设等与我们生活息息相关的发展问题，依然是每一个信管人需要承担的时代使命。坚定专业自信、坚守专业情怀、提升专业能力，以专业本领铺就青春路，是我们投身于现代化国家建设的坚实支撑。

行在燕园时，我们情系城镇乡野，指点三山五岳，用青春完成作业，躬身实践走好青春路。我曾做过一个研究项目，主题是农村信息扶贫政策调研，当深入村子里观察和调研信息化基础设施的建设情况时，我发现每家每户都铺设了宽带、光纤等基础通信设施，发展电商的条件均已具备，但是屋子里空有设施而无人烟；访谈留守村民得知，大部分家庭还是需要通过外出打工才能维持生计。那时候我深刻意识到，乡村的发展振兴光靠硬件层面的设施建设等物质和技术的投入是不够的，还需要有人，能够带领村民一起发展电商产业，奔向美好生活。当今时代，科技是第一生产力，信息技术发展日新月异，高质量发展要求管理层面提质增效，在多维发展角度下所需要的，正是一座桥梁，来连接管理与信息。这座无比重要的桥梁，正需要信管人通过探索实践来搭建。无论是用脚步丈量祖国大地，在基层脚踏实地倾听人民呼声，还是用专业本领响应时代召唤，在信息管理的前沿开辟新天地，躬身实践走好青春路都是我们勇立时代潮头、争做时代新人的奋斗姿态。

回首燕园 8 载，我相信，我和许多同学一样，学在北大、守护北大、建设北大是我们一生中最美好的选择；家国情怀、专业历练、实践舞台，是北大送给我们最宝贵的财富。今天，我们将要奔赴五湖四海，临别之际，想对北大说一声：谢谢母校，谢谢北大！"信一生、管一世、图个情"，感谢身边的每一位老师、同学，在你们的帮助下，我才能走好属于我自己的青春之路！

珍视生命的联结

高昕阳

（政府管理学院本科生）

尊敬的各位领导、老师、嘉宾，亲爱的家长们、同学们：

大家上午好！我是政府管理学院政治学与行政学专业本科生高昕阳。

谈到政治学，很多人会想到亚里士多德。如何最大限度增进公共利益，让人们过上幸福生活？为什么同一群人在同一地域中的境况大不相同？这些"亚里士多德之问"是亚里士多德毕生致力思考的问题，他的《政治学》就是对"共同体的善"的思考和解答，这也构成了政治学的开端。对于4年前刚踏入燕园的我来说，如何去理解"共同体"这个概念，进而更加理解我将要深入探索的这门学问，这个问题一直深深扎根在我的心里。

"人类在本性上，也正是一个政治动物"，这是亚里士多德的《政治学》中大家耳熟能详的一句话。这意味着，每一个人作为"政治动物"都会以某种方式成为共同体的一员。回看这4年，我想我更加深入地理解了这一概念于我的意义，它的三层意涵深深塑造了我在北大的学习和成长。

第一个意涵，是"人与人的联结"。

共同体，意味着打破原子化的个体状态，与他人产生联结。我所在的政治学专业有一本很出圈的著作，叫作《独自打保龄》。作者罗伯特·帕特南敏锐地发现传统社区生活的逐渐衰落，那种喜好结社、喜欢过有组织的公民生活、关注公共话题、热心公益事业的人消失了。因此，当我第一次听到"共同体"这个词，立刻想到的是，打破原子化的孤独状态，建立起人与人之间的联结，从"日常注重边界感"回到"熟人社会"。

本科4年，我多次跟随老师赴四川、云南等地进村入户调研，得以更直接地触碰社会的心跳、理解在广袤中国大地上发生的现实。大三暑假，我参与了一项中国乡村大调查，和老师同学们走访了17个村子，访谈了200多户人家。我记得一个午后，我坐在受访人的庭院中，看着她在温暖的阳光下收拾着自己的菜田，她从菜田里摘了一个新鲜的西红柿给我，她说："今年院子里的西红柿，要是再结得多一点就好啦。大娘也没什么地，这片院子就是我的命喽。"那一刻，我感受到，曾经生活在远方故事中的人，正在与我产生联结，我的生命历程从此和他们有了交集。在一次次进村入户访问、一场场村落间转场奔波中，将心比心、置身事内，成为我对实地调查最深刻的记忆。正是在那时，我开始触摸到"共同体"的实感。

第二个意涵，是"个体与历史的联结"。

共同体不仅是共同时间下的相遇，也带有历史的维度。在大二时，我作为庆祝中国共产党成立100周年大型文艺演出的志愿者，第一次进入鸟巢。我还记得正式演出时，讲述抗震救灾的节目《党旗在我心中》上演没多久，突然天降大雨。场内，演出仍在进行，在大地震发生的"废墟"上，一面党旗迎风雨而立，指向天边一道曙光，所有演职人员的泪水和雨水混在一起，齐声高喊"中国加油"；场外，所有志愿者冒着大雨齐心协力搬动"铁马"，做好观众离场疏散准备。当绚烂的烟花在鸟巢上空绽放，我们和场内的观众一起欢呼，一起举头凝望。那个晚上，我深切地感受到了无数个体联结成的共同体，与无数为党和国家命运前赴后继的前辈们深情共鸣，"家国共同体"的概念在我心中逐渐清晰而深刻。

第三个意涵，是"民族与世界的联结"。

去年，我作为冬奥志愿者又来到距离鸟巢不远的冰立方，服务于北京冬奥会、冬残奥会。在奥林匹克公园西侧的安保线外，有一排白色的棚房，那里就是我所在的注册办公室。一次晚上的冰壶比赛结束后，国际奥委会的一个技术官员因错过了回首钢的末班车而焦急地向我们求助。

虽然交通联络问题并不归属于注册领域的工作范畴，但我们全程耐心帮助他解决问题，陪他回到酒店。那天晚上，他连着给我发了三条信息，感谢我们的帮助。这段小插曲让我意识到，每一名志愿者都可能是北京冬奥向世界展示的一张"中国名片"，都可能成为中国与世界的联结点，超越国籍、文明和种族的"命运共同体"因为这一场冰雪盛会，因为我们每一个人的努力而更加真实可感。

正如马克思说"人不是抽象的蛰居于世界之外的存在物"，我们每个人的发展和自由绝不能离开共同体。本科4年，感谢北大为我们创造了最好的平台，让我们在不同的共同体中汲取养分、开阔视野，让我们在很多属于国家和民族的重要时刻保持"在场"。也正因如此，我们更要铭记每一次"在场"的责任与使命，牢记在北大这个共同体中塑造和培育的品格，心怀"国之大者"，在每一个共同体中守住圆心、扩大半径，通过每一次"在场"与更多的人联结、与更广阔的世界联结，把小我融入祖国的大我、人民的大我，为更多的共同体贡献北大智慧。

最后，感谢母校，感谢北大这个共同体中每一位相伴前行的师友。毕业快乐！

与北大一路前行

孙 博

（深圳研究生院硕士研究生）

尊敬的各位校领导、老师，亲爱的同学们：

大家好！我是孙博，一名即将从北京大学汇丰商学院毕业的金融硕士研究生。我很荣幸能在今天的毕业典礼上，作为优秀毕业生代表发言。

我首先要对我们的母校——北京大学表示最深的感谢，感谢她提供了这个平台，让我们学习知识、锻炼才能，成就我们的人生。感谢我们的老师们，他们用知识的光芒照亮我们前行的道路，用无私的付出孕育了我们的成长。更要感谢我们的国家和人民，是他们为我们提供了优质的教育资源，让我们有机会在这里接受高等教育，成为社会的栋梁。

在北大的岁月里，我体验到了思想的碰撞、理想的激荡，也看到了我们共同成长的过程。我看到了我们怀着热情和决心，探索知识的边界，我看到了我们在面对疫情困难时，彼此鼓励，共同进步。这一切，都是我作为北大人的自豪。

我曾经在校园的各处——教学楼里、宿舍楼下、操场上，甚至是大沙河边，听过同学们激烈而热切的学术讨论。我们勇于探索未知的知识领域，我们敢于挑战前人未曾触及的问题。我们坚信，只有思想开放，才能无畏前行。

我还曾看到许多学生为社团呕心沥血。这是我们北大人对社会责任的担当。我们不仅仅学习知识，更将知识用于实践，用于服务社会。我们要将我们的理想和才智，用于推动社会进步，用于解决实际问题。

我也经常听说北大志愿者们的光荣事迹。北大人是忧国忧民的。无论是在学校还是在社会，我们都有着一片赤子之心。我们会站在最前线，无论是抗击疫情还是关心老幼、保护环境，我们都身体力行，奉献我们的一份力量。

现在，当我站在这座熟悉的校园之中，看着周围那些熟悉的面孔、那些熟悉的景色，心中涌动的是深深的怅惘与不舍。那翠绿的草坪上，几个学生正在拍毕业照，他们笑得如此开心，眼里却又闪烁着泪光。教学楼下，一位老师正在和即将毕业的学生们告别。他们认真地听着老师的话，那份对老师的敬爱，以及对未来的憧憬，都在他们的眼神中清晰可见。"毕业"这个词，既带给我们欣喜，又带来了不舍。这座我们曾共同走过的校园，这些我们曾一起奋斗的日子，这些我们曾一起分享的欢笑，都凝结成一幕幕不可磨灭的记忆。

未来的路还很长，我们每个人都会在这条路上找到自己的方向，找到自己的目标。我们会做科研的先驱者，我们会做教育的引领者，我们会做企业的创新者，我们会做公益的推动者。我们会在五湖四海，我们会在世界各地，我们会在各自的岗位上，发光发热，成为社会的璀璨明星。我们都怀揣北大人的梦，有北大人的坚持和使命，那就是为社会、为人民、为中国的未来贡献我们的力量。

毕业不是结束，而是新的开始。未来属于我们，让我们一起迎接它，一起创造它。我们将带着北大的理念，继续前行。让我们一起，向着明天，扬帆起航！

不悔燕园，从心出发

林衍旎

（电子学院博士研究生）

亲爱的老师们、同学们、校友们、家长们：

大家好，我是电子学院物理电子学博士研究生林衍旎。非常荣幸能和大家分享这个光荣而特别的时刻。回望来时路，郁郁满芳华。我无比庆幸 4 年前踏入燕园，成为一名新北大人。北大给了我们充实的学习状态和严谨的学术氛围，也给了我们自由选择与从容成长的空间。在这里，我们共同走过燕园的芬芳四季，聆听北大的青春之声，时刻感受作为一名新时代北大人的担当与使命。

燕园里最熟悉的一条路，是那条从宿舍到实验室走过 4 年的路。每天从畅春新园出发，爬过一座长长的天桥，走过勺园，经过图书馆，从燕南食堂边走过，到达"百讲"门口看看这周有什么演出，再从光华老楼与电教楼之间穿过，匆匆路过英杰到达理科二号楼。而这 20 分钟的路程给我印象最深的是在开学那天，那时路两边每个小旗子上都写着

"未名博雅，家国天下"8个大字。而我也未能免俗地在那天发了条微博"未名博雅，家国天下"，仿佛这样就能将这8个字牢牢刻在心上。我从未想过会有这样一所学校，与国家民族同呼吸共命运，而这正是北大给我上的第一课。

建党百年之际，我毫不犹豫地报名了重大活动的志愿者，我想我终于可以作为一名北大学子奉献出自己的一点点力量。广场志愿者的任务其实很简单，就是引领所在方阵观众的情绪，放声歌唱、鼓掌欢呼。我们需要牢牢记住每一句歌词、每一个环节，一遍遍练习如何欢呼、如何挥旗以及面对突发情况如何响应，只为在典礼当天能够展示出我们的风采。当在天安门广场上看着五星红旗冉冉升起，听着耳旁的歌声时，我想我做到了。这既是一个小小梦想的实现，也为我指引了新的方向——为中华民族的伟大复兴不懈奋斗！

我的主要研究方向为人工视觉辅助系统，这个方向的目标是帮助视力障碍人群及失能人群改善生活质量，不过在前期研发中，受试者都是正常人。因此我曾经一度很迷茫：我的研究真的有意义吗？一遍遍在正常受试者身上的测试让我不禁怀疑——"这样的装置，视觉残障患者会需要吗？"在这样复杂的情绪中，我努力地坚守初心，直到装置终于研发到比较成熟的阶段，可以达到对视障患者进行测试的要求时，我迎来了答案。在第一次视障患者原型机实地测试后，受试者充满期待地问我："同学，什么时候这个产品可以正式生产使用？我们实在太需要这样一个产品了，不需要别人陪同就能出门，好像是梦里的事，我以前想都不敢想。"那一刻，我真正感受到了科研的意义，感受到了科研造福社会的使命感、责任感。在接下来的科研生活中，在一次次的实地测试中，我更坚定了继续科研的决心，致力于将视觉辅助装置由视障人群推广至失能人群，服务更多的人。现在的我感到很幸运，自己的科研成果能够帮助到这样的困境群体追求更美好的生活。我将以为国为民的深厚情怀投入科研实践，学习北大无数前辈敢为人先、忘我进取的奉献精神，践行他们任劳任怨、无怨无悔的工作精神，躬身实践，笃行致远，接过火炬，继续为中华民族伟大复兴贡献自己的力量！

毕业在即，我即将回到家乡，投入数字福建、数字中国的建设。加快数字中国建设，对全面建设社会主义现代化国家、全面推进中华民族伟大复兴具有重要意义和深远影响。

我将不负燕园教诲，担当北大人的使命，在广袤土地上、在基层一线谱写北大人的华章，为祖国与人民献出北大人的力量！

值此告别燕园、整装出征的日子，我谨代表各位毕业生再次感谢母校与学院的培养，感谢老师们的悉心指导，感谢父母亲友的支持陪伴。祝愿所有毕业生前程似锦，来日方长！

以梦为马，不负韶华

周　双

（公共卫生学院博士研究生）

尊敬的各位老师、校友，亲爱的同学们：

大家早上好！

我是来自公共卫生学院妇幼卫生学系博士研究生周双。非常荣幸能够作为毕业生代表在这里发言。首先，请允许我代表全体毕业生向辛勤培育我们的各位领导、老师，表示最衷心的感谢和最崇高的敬意。

"光景不待人，须臾发成丝。"5年研究生光阴转瞬即逝。站在时间的交会点上，过往的时光依然历历在目。仍记得初入北大校园时立下的雄心壮志；仍记得在浩如烟海的文献中寻觅灵感的苦心钻研；仍记得导师循循善诱、指导课题的温馨场景；仍记得与同学共赴抗疫一线、同心协力的日日夜夜。

"吾生也有涯，而知也无涯。"5年来，我从科研小白成长到能在高水平杂志上发表文章并拿到博士研究生创新人才奖学金。是北大教会我：路虽远，行则将至；事虽难，做则必成。作为学生负责人，我参与多中心的小学生儿童肥胖干预项目，研究成果在顶尖杂志 *JAMA Pediatrics* 发表并获批发明专利，为我国乃至全球的儿童肥胖干预提供了科学典范。我还有幸获得北京大学医学部"优秀博士研究生创新基金"资助，响应《"健康中国 2030"规划纲要》的号召，从全生命周期的角度探讨生命早期生长的影响因素，为制定我国大气颗粒物的防控标准、促进母婴健康提供了科学依据。

"公行天下，卫戍健康。"疫情期间，我们内心都不免有些慌张与不安，但是为了能学习国外的先进方法，解决自己研究领域的瓶颈问题，我毅然决然前往荷兰进行联合培养。其间，我还抓住一切机会与其他国家的学者进行学术交流，在 2022 年国际暴露科学学会年会（ISES2022）做大会发言并获得奖学金，参加 INRICH 国际会议并获得壁报展示一等奖。在国外学习期间，母校和老师是我最坚实的后盾，为我开拓视野、增长学识保驾护航。

我与每一个北大学子一样，年轻、冲动，渴望知识、渴望成功；我与大家又不尽相同，那就是在逆境中成长，坚强乐观。我是一个地道的"寒门学子"，亲爱的父亲早年因病离世、母亲车祸住院失去工作……一次次动荡让我感受到了生活的艰辛，也让在困难洗礼中的我学会了坚强。

一次次，亲朋好友、老师同学、社会各界向我伸出温暖的手。回望生活中的每一段经历，我是在爱的包裹中成长的！

赠人玫瑰，手有余香。在感受温暖的同时，我也在用我的努力回报社会。我热心志愿活动，不仅积极参加校内的志愿服务，还回到家乡在郭明义爱心工作室担任志愿者、做义工，用实际行动帮助解决家乡的民生问题；我还多次为抗击疫情、爱心助学、抗洪救灾等活动捐款献爱心。

以梦为马，不负韶华！曾有人问我这5年收获了什么，我想骄傲地回答：我收获了青春最美的回忆，收获了最纯真的友谊，收获了勇敢去实现梦想的自信和对生活的感激！

岁月不居，未来可期。从明天起，我们将踏上人生的另一段征程。我们当中有走上工作岗位，有人继续从事科研，有人仍在找寻适合自己的道路，但我们永远不会舍弃在北大学到的点点滴滴。也请北大放心，我们决不辜负您的培养，我们会时刻铭记您的教诲，以优秀的业绩彰显北大人的风采。

胸中黄河月

聚光成芒，集火成炬

代旸凡

（数学科学学院本科生）

亲爱的老师们、同学们、校友们、家长们：

大家好！我是数学科学学院本科生代旸凡。

2019 年入学的我们，4 年里一同见证了一个又一个不平凡的盛事：中华人民共和国成立 70 周年、中国共产党百年华诞、北京成为双奥之城、党的二十大胜利召开。虽然入学那一年突如其来的新冠疫情给校园生活带来了不少遗憾，但不平凡的同心战"疫"也给我们留下了最为独特的珍贵回忆。4 年里，北大带给了我们太多感动、鼓舞、温暖、希冀，点燃了一束束照亮我们人生的光。

在漫长的大学生活里，总有某个瞬间，我们的人生里突然打进一束光，触动和照亮了我们的内心。我的那束光来自一场普通的活动，2021 年正值党的百岁生日，献礼片《觉醒年代》制作团队来到北大分享交流。活动现场，"南陈北李，相约建党"的宣誓场景经典重现，我站在李大钊先生的扮演者和陈独秀先生的扮演者身后，一字一句郑重发出"为了中华民富国强，为了民族再造复兴我愿意奋斗终生"的誓言。那一刻，我仿佛穿越了百年时空，回到了荒凉的河堤上，见证革命先辈面对满目疮痍的河山，许下救国救民的宏愿。那一刻，这束来自1919年的光，承载着"爱国、进步、民主、科学"的五四精神的光，突然照进了我的内心最深处，这份庄严感、使命感让我意识到历史的光芒从不会湮没，它透过百年时光流淌在每个北大人的血液中。

追寻着历史的光芒，最让我触动的是80多年前北大人在昆明的那段峥嵘岁月。我来自祖国的西南边陲云南，西南联大的旧址就是我小时候经常去的地方。在艰苦的抗日战争时期，北大人在此融汇出"刚毅坚卓"的品格，守护着中国学术的火种。我何其有幸，生于奋斗之地又学于初心之源。年幼时，联大人的精神光芒曾照亮我的求学路；如今何其有幸，这一束跨越千里的光从家乡照到燕园，一如既往地引领着我去探索广阔的天地，为所见的世界聚光成芒。

郝平书记曾在4年前的开学典礼上寄语我们："既要有'书卷气'，又要有'泥土气'。"在我看来，心底的光指引着方向，而这份"泥土气"就像一面镜，给了我们汇聚光、点亮火的焦点，让我们集火成炬、回报社会。

大一的一次调研里，我采访了北大对口帮扶云南弥渡的两位老师，他们说的一句话让我一直记到现在："扶贫要扶'智'，但更应该扶'志'。"从那时起我就在想，虽然自己现在的能量仍然很微薄，但或许可以从身边做起，成为一束光、点亮一团火、传递一份热。

大三寒假，我回到家乡云南，去地处川滇交接的一个小县城支教，我所去的中学是县城里唯一一所完全中学，很多学生家在遥远的村镇里，哪怕一学期只回家一次，对学生来说都是不小的负担。在那里，除了为高中生们上数学课，我做得最多的事就是和他们心贴心交流，努力为他们点亮一束光。一个成绩很好的女孩子问我："女生真的能学好理科吗？我身边的所有大人都很不看好我。"她总是不敢相信自己，在很多重要的关头都遭遇"滑铁卢"。那一刻，我突然懂得了老师所说的"扶贫先扶志"，他们更需要的是信心和肯定。不知道我有没有为她解开心结，但是临别时同学们略带稚气地说着"我一定要考北大，大学考不上就考研究生，研究生考不上就考博士"的时候，我被他们眼里闪烁的光深深打动了。希望我这缕小小的星火，能为他们哪怕只有一个人带来一束光，照亮一程路。

一缕星火难免微弱，而集体可以集火成炬，汇聚起更亮的光，发出更强的热。回到燕园，我们在数院成立了"一号院系宣讲团"，面向中小学生开展公益讲座，发挥数院的独有优势，科普数学之美、讲解应试技巧，努力传递北大精神的火炬。校园里，有许许多多的人也和我们做着同样的努力，用自己的方式回报社会。百年间，无数北大人手执炬火，造炬成阳，薪火相传，即使现在的我们只能发出平凡而微弱的点点星火，但相信终有一天我们能够聚光成芒，集火成炬，像先辈们一样成为走在时代前列的奋进者、开拓者、奉献者。

最后，衷心祝愿 2023 届全体毕业生前程似锦！祝愿各位老师身体健康！祝愿母校蓬勃发展！祝愿祖国繁荣昌盛！

从五四跑向田野，从南门奔赴南方

张涵抒

（新闻与传播学院本科生）

亲爱的老师、同学们：

大家下午好！

我是来自新闻与传播学院的本科生张涵抒。在今天这个即将离别的特殊日子，想和大家分享我作为燕园的一个普通人，在这4年的"奔跑轨迹"。回顾过去的来路，也是为了未来更好地出发。

我的起点是五四操场。自2020年加入了北大博雅中长跑（普通生队）以来，每周3—4次，每次8—12公里，每月近150公里的训练，不仅塑造了我"永不停步"的强健精神，也炼就了我能拿下两块校运会长跑金牌的强健体魄。五四操场之外，学习、科研与学工是我齐头并进的三条赛道。在保持主学位三年绩点与综测双第一的同时，我也入选了"严复班"跨学科人才培养计划，获得了国家奖学金、挑战杯一等奖、北京市优秀学生干部等荣誉和认可。

但长跑，绝不是一个人闷头加速这么简单。我的专业——新闻与传播也绝不只是一个端起相机、拿起笔杆的技术专业这么简单。如何将个体的动能转化为集体的势能？如何更好地结合新传人的素养与北大人的家国情怀？从学院团委副书记、4 年招生组骨干到北大首批样板党支部的支书，我主办了 40 多场活动，协助 300 多名同学入党推优，志愿服务超 800 小时。也许是时候让新传人的技能点发挥社会效益，从象牙塔尖"跑"向祖国大地了。

为我指明这个问题答案的人，是来自陕西榆林市佳县泥河沟村的一群老人。泥河沟村是一个人均年龄 64 岁的老人村，在那里，许多老人去世后，都没有一张可以作为遗像的照片。2022 年的夏天，我们 14 名新传师生来到黄河畔，搭起临时摄影棚，为全村老人拍摄"最美肖像照"。也许是被真实的乡土中国所打动：人民日报、中国日报（*China Daily*）等近 30 家主流媒体争相报道，相关报道冲上微博热搜，全网破亿的浏览量让泥河沟引起了上级政府和产业投资者的关注，传播的杠杆撬动了乡村振兴。

小到村庄，大到国家，传媒可以是撬动发展的杠杆，也可以是加剧不平等的帮凶。我们每天接收的媒体信息，是不是城市的远多于乡村的，欧美的远多于亚非拉的？但后者，作为广大且沉默的"全球南方"，才是我们的现实。

于是，我提出了组建"发展传播研读营"的构想，联合北大国际传播研究院与国家发展研究院，集合了数百位关注第三世界国家传播与发展问题的师生，共同探讨从中国在非被曲解的舆论形象，到在加纳办报纸的体验。目前，"发展传播研读营"已成功举办了 6 期，还得到了中国驻尼日利亚大使馆的关注。

研读营的经历明晰了我的学术道路：用好国际传播的杠杆，回应中国在国际舆论界面临的艰难挑战。去年，我关于全球卫星网络的研究成果发表在 CSSCI 核心期刊上，也深度参与了多个国家社科基金重点项目，同时还在进行两本全球传播史著作的翻译工作。

未来，我选择继续留在燕园，于直博的 5 年中深耕国际传播与发展传播方向，"奔向"祖国需要与个人信念的交会点。从"五四"跑向"田野"，是从专注自身到关怀他人；从"南门"奔赴"南方"，是从家国情怀到世界胸襟。作为一名北大新传的学子，我和我们，过去、当下和未来，都在奔跑中。

扎根中华大地，感知中国道路

约瑟夫·奥利维尔·门杜（喀麦隆籍）

（国际关系学院博士研究生）

尊敬的各位领导、各位老师、各位来宾，亲爱的同学们：

大家好！

我是国际关系学院博士研究生约瑟夫·奥利维尔·门杜，来自非洲中西部的喀麦隆。我在中国生活了将近 7 年。

我出生在一个家教非常严格，高度重视国际化与国际交流的家庭。从小父母便会鼓励我学习多国语言，推动喀麦隆和非洲与其他国家和地区文化的交流，学习其他文化好的经验和做法，带回自己的国家，为家乡的发展贡献力量。从小父母也跟我们说，每到一个陌生的地方，应该先去看人，再去看景。因为人，才是一个地方的灵魂所在。从 2013 年自德国毕业回国至今我已经掌握了 12 国语言。

自从在非洲大陆感受到中国在道路交通、基础设施方面的影响力，感受到中非双方日益紧密的关系，我就开始对中国产生好奇，脑海里产生了一连串问题：中国经济飞速发展的秘诀是什么？中国为什么行？非洲国家是否也能行？……回忆起父母的教诲，我决定从了解中国的人民和文化开始努力。

从7年前刚接触中文、踏入北京大学的那一刻起，在课堂上、在活动中、在校园内外，"中国人"成为我用心用情去阅读、去感知、去读懂的"课题"。我记得刚到中国时，由于我有晨跑的习惯，经常能在公园见到中老年人晨练。他们是我来华后交的第一群中国朋友。我观察到，仰卧起坐、俯卧撑、踢毽子、打乒乓球等对他们来说根本不在话下，我当时就"看懵了"。越观察越觉得一些中老年人怎么比咱年轻人都健壮！脑海里就反复出现几个字"格局打开"！经过与他们接近一年的交流，我感知到很多中国社会的现象，其中就包括中国的中老年人做事的风格。

在中国期间，我养成了"脚踏实地"、深入中国社会基层的习惯。以实地考察、了解当地风俗、开展公益活动和志愿服务为切入点，在中国走深、走真、走实。我去过河北的李庄村，江西的竹桥古村、神山村、易家河新村，贵州的花茂村等37个基层乡村，开展公益、志愿者活动，了解中国社会的发展现状，与教师、学生和其他村民保持长期的交流。其中，我在山西省吕梁市兴县的经历是我收获最多、最富有成效的一次学习经历。我有机会体验当村干部，了解基层干部锻炼成长的过程。我了解到一名大学生村干部的故事，他大学一毕业就选择到偏远乡村担任沙壕村第一书记，投身建设乡村的事业，这名大学生村干部了解村里每家每户，做到了比邻居熟、比子女亲的程度，这名第一书记的工作作风给我留下了深刻印象。我了解到中国共产党在照顾中国人民，应对问题与困难的智慧和优势在于通过知识、技术和思路的帮扶，让人民长期、持续受益。我通过这些经历进一步了解了中国共产党以人民为中心的发展理念，这是值得学习和借鉴的。

有感于在中国的所见所闻，2021 年我参与起草了两封致习近平总书记的书信，祝福中国共产党的百年华诞，讲述在中国、在北大的体会和感悟，讲述到中国各地探寻中国共产党治国理政的成功密码的感受和心得。在 6 月 21 日和 8 月 11 日，我们竟然分别收到了习总书记的两封回信，勉励我们"百闻不如一见"，"更加深入地了解真实的中国"。我们北大的留学生以及在华外国青年从两封回信中汲取了更多的奋进力量，让我们更有动力走近中国，全方位地观察中国并把我们的想法和体会分享给更多的人，为促进中外民心相通发挥积极作用。

通过我在中国基层的经验，结合非洲的发展实际，我也认识到，中国与非洲拥有相同的梦想、共同的任务、一致的追求，中国案例在国际上具有示范性、引领性，中国的成功经验可以助力中国梦和非洲梦相融相通，实现共同发展。正如非洲一句古老的谚语："If you want to go fast, go alone. If you want to go far, go together."意思就是：要想走得快就一个人走，要想走得远就一起走。这与中国提出的人类命运共同体有异曲同工之妙。我相信，中国和非洲国家携手合作，将共同迈向新的发展高度。我也意识到，这需要双方青年更多的参与、交流、互动、对话，互学互鉴，互帮互助。只有这样，我们才可以走得更快，才可以走得更远。

借用中国古代诗人陆游的诗句，"纸上得来终觉浅，绝知此事要躬行"，我想与各位分享在华7年的学习和生活体悟：只有扎根中华大地，方能深刻感知真实的中国，方能更好地理解中国道路，方能向世界更好讲述中国故事。7年的求学时光转瞬即逝，但我相信我与中国的故事仍"未完待续"，推动中非之间的相互理解和友好合作也将成为我毕生的使命。

最后，祝各位毕业生前程似锦。

围墙之外

章晓涵

（法学院硕士研究生）

尊敬的各位老师，亲爱的同学们：

大家好！我是法学院硕士研究生章晓涵。非常荣幸能够在这个特殊的场合与大家分享毕业的喜悦，共同回首来路、迎接去路。

在发言的开始，我想和大家分享一则见闻。我的学姐、北大法学院 2012 级本科生张婉愉，她作为中国首批罗德学者在牛津大学求学期间，曾在牛津的街边看到了一个流浪汉。他身体僵硬、面部朝下，静静倚靠在围墙边上。而他所倚靠的围墙属于牛津大学万灵学院，学院里汇集了牛津最富有才华的学者，他们因通过了据称是"世界上最难的考试"而进入学院，享受着优渥的资助，同时致力于解决世界上最复杂的问题。一墙之隔的反差之大，令人不禁产生诸多思考。

罗德奖学金是世界上最古老、最负盛名的奖学金之一，它致力于从世界范围内挑选具有学术才能、社会关怀与领导力的年轻学生前往牛津大学深造。7 年来，北大法学院已经诞生了 5 名罗德学者，而我则是第 5 位享受这一幸运的年轻人。然而，我们仍然面临着同样的问题：如何面对围墙之外的世界？这道围墙，看似存在于顶尖学者与流浪汉之间，事实上，它存在于象牙塔与社会之间，存在于理念与现实之间，存在于已知与未知之间。今天，我们即将走出象牙塔，是在多重意义上走向围墙之外，真实地站立在广袤的天地之间。身处围墙之外的世界中，我们将直面过往生活中没有的种种断裂，并运用自己的勇气和理性填补这些断裂，承担起与时代交互的责任。无论从事何种专业、身处何种岗位，这都是我们共担的责任，因为每一个人的生命选择终将融合为文明的选择。

作为一名宪法与行政法专业的研究生，我始终相信一句格言："宪法不存在于条文之中，而存在于人民的心里。"北大的学术训练使我掌握了精巧的法律专业技能，而如何利用这种技能回应文明转型的大命题、回馈到人们的生活实践，则需要我们自己慢慢地探索和追问。我始终记得多年前，北大法学院的前辈教授们建议全国人大常委会废止一度引发恶性事件的《城市房屋拆迁管理条例》，这给了当时的我极大的震撼，并成为我进行专业选择的重要情感动机。个体的力量也许并不瞩目，但"努力让人民群众在每一项法律制度、每一个执法决定、每一宗司法案件中都感受到公平正义"的目标需要我们每一个人共同为之奋斗。

站在毕业的转折点上，我想我们每一个人都已经具备了承担公民责任的能力，是时候将目光投向围墙的那一边了——关怀身边以及远方人们的境遇，更深刻地思考个人与世界建立联结的方式，并通过自己的方式输出影响力：沉浸在文献与实验中，我们探索科学世界的未知奥秘；奔跑在田间地头，我们从细微处感知中国社会的时代脉搏。社会的转型与文明的变迁绝非一人之功，而是千千万万来自不同岗位的普通工作者共同创造的盛景。作为这千万人民中的一部分，来自各个领域的北大人已经开始书写并且仍将书写这一故事的续章，充实五四精神的现代意涵。我认为，在此过程中最重要的，其实是经营好属于自己的理想生活，因为只有对自己负责，才能对时代和社会负责。在北大，不同的价值和选择都能得到包容与尊重，我们有充足的机会和资源去探索足够多元的路径。这同样也是一种打破围墙的努力：只有打破心中之墙，完成人格的自由展开，我们才会拥有在外部世界中破除成见、消灭隔阂的勇气和动力。

回首过往，我们在北大留下了太多珍贵而美好的瞬间：无论是《灌篮高手》中国首映礼勾起的青春记忆，是五四长跑中数千人的跃动身影，是月夜湖畔与友人的促膝谈心，还是期末季点灯熬油的苦苦鏖战，这些过往的点点滴滴都将化为我们前行的动力。今日之后，我们将离开北大校园，从观察者变为行动者，成为社会生命力的基本组成单元。一路上，我们将穿越各种有形或无形的围墙，在不断认识自己和世界的过程中前行，最终找到成就自己的方式。祝愿在场的每一位毕业生都能通过有意义的奋斗，在大时代中找到属于自己的位置，迎接属于自己的理想生活。祝各位毕业快乐！

走向旷野

张若欣

（社会学系本科生）

尊敬的各位领导、老师，亲爱的同学们：

大家上午好！我是社会学系本科生张若欣。

时隔近 4 年再次来到邱德拔，不知道同学们还能否想起 18 岁的自己来到北大时最初的印象与感受？我对园子最初的印象是北大真大，而最初的感受是无尽的迷茫。如果说前 18 年的人生让我在温室里享受了家长和老师的呵护，北大 4 年的教育就是将我推向旷野的过程，让我在未知的世界里探索了无数新的可能性。

在这 4 年里，我开始踏出自己所熟悉的小世界，对无尽旷野中的一切都充满了好奇心，尝试着去理解和学习那些与我不同的生活。在社会学系，学生们总是需要"下田野"，也就是深入研究地人们的日常生活，通过参与式观察和访谈获得新知识。在浙江松阳这个贫困县里，我们听着茶叶市场上的比价叫卖声，学习村子如何通过旅游扶贫和电商体系来留住年轻人，努力复兴乡村；在云南丽江的深山里，我们吃着刚炸好的野蜂蛹，学习村寨银行贷款中"义利"平衡的乡土逻辑，在奔忙的生活之外找到了书中所写的"进步叙事中的闲置之地"；在自己的家乡，我看着厚厚一沓志愿者活动记录，学习平日不以为然的垃圾分类活动背后居民、居委会、街道几方的执着付出。"下去调研看到的全是办法"，北大是鼓励调研的学校，调研的机会也不局限在社会学系。在"力行计划"中，在"挑战杯"比赛中，在美丽中国北京大学校园大使团队组织的支教活动中，我与更多鲜活的陌生人紧密相连，看到了更切实的社会问题和最生动的解决方法。这些经历让迷茫的我有了好奇心，也有了前进的动力，因为我知道只要多迈出一步，就一定有值得学习的、多彩的人和事在前方等待着我。

旷野没有墙壁，这意味着探索没有终点、没有规定的方向，每时每刻我们都面临着更多的选择。在刚入学的时候，我希望自己的大学 4 年是一条用规整的砖石砌出的固定大路，我希望自己能按部就班地保持好成绩、写出好文章、出国交换，最后申请海外的社会学硕士学位进修。后来我修了经济学双学位，发现别人能考满分的卷子我拼尽全力也只能拿 40 分；我做了助研，却发现自己似乎既没有天分也没有热情做学术；我为了斯坦福的交换项目加入了"社会科学学部社会科学基础人才培养项目-严复班"，但是疫情来了，班里原本的海外交换名额悉数泡汤，我狼狈地临时申请自费出国交换。大一时候的我不会想到，在一次实习中我误打误撞地找到了自己真正喜爱的事情，于是本科毕业后我没有选择立刻去深造，而是选择回到家乡投身工作。最终，我的大学 4 年宛若燕南草地里一条鹅卵石铺成的曲折小径。

后来有学弟学妹问我：回顾本科 4 年的路，会不会觉得那些为了做学术、为了出国留学而付出的努力都是一种浪费？会不会觉得那些最终对于就业毫无用处的尝试都只是错误的选择？实际上，修经双和做助研途中遇到的挫折都帮助我更加明确了自己的擅长与热爱所在，而"严复班"虽然没有助我实现计划之中的交换，却呈现给我不同院系伙伴们可敬的群像榜样。有的同学本校直博走上了学术道路，有的同学即将飞向其他国家读硕，也有的同学像我一样即将进入职场。我们没有给彼此的未来套上"鄙视链"，而是耐心地倾听着彼此不同选择背后的思考，相互学习与祝福。所以我并不觉得走一些所谓的"弯路"是一种浪费，而是感谢那些选择让我收获了计划之外的惊喜，也感谢自己至少有做出选择的机会，感谢北大没有把我们局限在一条单一的所谓成功路径之上，而是让我们自己选择自己的道路。有一分光，发一分热，我是真的相信我们都有光明的未来。我们的大学 4 年中有 3 年都充斥着疫情，那些生活中徒增的不确定性也是对我们的一种历练，做出一个选择所需要的勇气和理性思考在这样的环境下变得更加可贵。旷野里没有老师、家长如影随形的照料，我们必须为自己的选择负责。经过了疫情 3 年，我们开始学习"做自己健康的第一责任人"，而经过了大学 4 年，我们也越来越有担当"做自己人生的第一责任人"。

今天我们毕业了，要走出园子，走向更大更广阔的世界了。在这个即将走向人生的旷野的时间点上，我依然有些迷茫，但也有了更多去探索去学习的好奇心，以及去做出选择并为自己的选择负责的勇气。"人生是旷野，不是轨道。"在这个代表着结束也标志着开始的日子里，我想祝愿大家都能够带着 4 年来的满满收获，去发现和拥抱无尽旷野里更多的可能性。

外面的世界，我们准备好了

向　伟

（外国语学院博士研究生）

尊敬的各位老师、校友、家长，亲爱的同学们：

大家好！我是北京大学外国语学院的博士研究生向伟。非常荣幸能有机会在这个特殊的时刻，和大家一起回顾我们在北大的这段日子。我想先问大家一个问题：有多少同学选修过或想过学习公共外语类课程？

在这个机器翻译、ChatGPT 逐步优化的时代，为什么我们依然有一股学习外语的热情？我想，这就跟即便知识共享的平台日益盛行，但我们仍然选择来到北大的原因一样。

首先，我们想通过自己的眼睛观察世界。在北大学习的这几年，老师一直在教导我们要阅读原典。于是，我们乖乖地坐在冷板凳上，慢慢地啃食着动辄上千页的外文书籍。之所以说是"啃"，在于就算有词典的辅助，也需要在语境中揣摩每个用语的内涵与外延，有可能一天下来也看不到两页。但正因如此，我们才能发现自己的知识盲区，才能找准自己关注的焦点。在专业课上，老师们常问："某某同学，你怎么看？"我们用语言、文字和研究阐述着自己的观点。今天，我们每个人都有一份沉甸甸的学位论文，可能尚不完善，却浓缩着我们这几年对世界的观察。我想，在座很多同学的论文评阅意见中会有这样的评语——"选题新颖"，而这正是对我们多年来独立思考的肯定。论文的选题可能源自课上曾经讨论过的某个文本，可能产生于生活中的一件小事，也可能是受到某个时事热点的启发而产生的。不管怎样，那都是我们亲手触摸过的研究对象，是我们拿着放大镜仔细端详后的成果。"独立之精神，自由之思想"是北大教会我们的第一点，也是我们即将进入社会的底色。

其次，我们想建立自己的话语体系。我曾有幸参加过北大的国际合作项目，前往日本京都大学和美国耶鲁大学短期留学。这些经历带给我两点感受：一是在如京都学派、耶鲁学派的人文积淀面前，我们缺乏学术自信。二是在国外，有许多被有意误读或者非常片面的新闻报道。幸运的是，园子里有这样一批学者，他们继承了季羡林先生、段晴教授的遗愿，致力于实现"中国出土的西域材料，中国人应该能够独立解读"的目标。园子里有这样一批志愿者，他们在疫情期间争分夺秒地将相关资料翻译为阿拉伯语、英语等十几种语言，为世界提供"中国方案"。园子里还有这样一群留学生，他们通过社交平台，分享在异国他乡学习和生活的体验，让更多人看到一个真实的中国。静观未名博雅，胸怀家国天下。正因如此，北大人总是在不同的场合、不同的领域，积极发出中国声音，讲好中国故事。

最后，我们还渴望拥有兼容并包的心胸。学外语的人总是自觉承担起"成为中外友好交流的桥梁"的重任，但我们也深知桥梁因沟壑而存在。对于国与国之间、人与人之间的沟壑，我们无法做到消除异见，将其填埋，而只能是以桥梁的方式，沟通两端。在进行中外比较研究时，我曾特别看重影响研究，总是想突出某一方的影响力和优势地位，后来我才发现，重要的是要探明为何"共享"的同一个主题会被不同国家内化成截然相反的结果，从而出现"和而不同"的局面。从"影响"到"共享"的视角转换也启发我"文化因交流而多彩，文明因互鉴而丰富"的认知。对待他国如此，对待他人如此，对待自己更是如此。毕业之际，我想有些同学还徘徊在自我怀疑与自我肯定之间，辗转反侧，总觉得自己没有达到预期的目标，没有做好迎接风雨的准备。我想说：跟自己和解吧！因为此时此刻的你，已经很棒了。

多年前，来自五湖四海的我们带着红底烫金的录取通知书，走进了这座中国的最高学府之一——北京大学。今天的毕业典礼，是对我们成长的肯定，也是对我们最好的褒奖。今天的我们，学会了用自己的眼睛观察世界，用自己的话语表达自我，用宽广的心胸去拥抱未来。亲爱的师长，不用担心，我们准备好了！准备好走上广袤的舞台！

保有对真理的好奇心

李浩雨

（信息科学技术学院本科生）

亲爱的老师们、家长们、同学们：

大家好！

我是信息科学技术学院的本科生李浩雨。我很荣幸能够作为本科毕业生代表在毕业典礼上发言。

大家见到我经常会问："浩雨，你有两米高吧？""浩雨，你是不是篮球特长生？"今天，站在毕业典礼的讲台上，我再次澄清一下，我身高确实超过两米，但我真的不是篮球特长生，我的专业是计算机科学。今天，我来这儿想和大家分享一下自己"不打篮球但打代码的大学经历"。

作为一个计算机系统方向的准博士生，我想从科研的角度援引计算机学院胡振江教授的一句话：要追求科研原本的快乐。只有抱着对真理强烈的好奇心，真心觉得做科研好，才能做好科研，才好做科研。而这，正是我所认为的：想要做好一件事，一是要觉得它有意思，二是要相信它有意义。

大二下学期图灵班的科研轮转，让我第一次体会到了科研的快乐。一个轮转期间快速上手的科研项目，激发了我对概率算法的浓厚兴趣。不到一个月，我就对数据流测量领域的基本问题——高速高精度的频数估计问题提出了自己的解法。然而，当我把设计思路交给杨全老师讨论的时候，却得知它在去年就被发表了。我问老师，这个问题还要不要做。老师当时没有给我明确的答复，只是鼓励我说：你的思路是对的，只是没站在巨人的肩膀上。我没再犹豫，决定刨根究底。我读了几十篇文献，把相关工作翻了个底朝天。连续几周，除了上课以外，我都在实验室的工位上读论文、做推演。每天凌晨 1 点回到寝室，仍然在思考算法设计，直到不知什么时候安然睡去；偶尔灵光乍现，弹起身来火速演算一通，直到东方既白，可还是发现结论平凡。

随着时间推移，我越来越绝望，因为我能想到的所有算法，都已经被"捷足先登"。学术体系好像为我织起了一张大网，而且没给我留下一条漏网之鱼。后来，我索性不再死磕。我去听歌会，去夜奔，去听讲座，去观星辰。但每隔一段时间，我还是忍不住回过头来思考一下这个问题。

直到有一天，当我因为期中季的忙碌而淡忘了科研，在思考退课后要不要退微信群的时候，我在算分习题课的黑板上瞥到了一棵完全二叉树。那天助教正在讲解深度优先搜索的遍历顺序。我猛然意识到，如果一棵二叉树按照中序遍历的顺序存储，那么它的叶子节点和双亲节点之间就会有良好的空间局部性，而这可以有效降低计数器进位时的访存开销。我立即跑去做实验，发现实验结果和理论符合得很好。就这样，我在大三前的暑假完成了第一篇论文。那次灵感迸发的经历，让我爱上了科研。而正是热爱，让我可以在夜深人静的孤独和平日的浮躁与喧哗中保持镇静。做自己喜欢做的事，是我来北大的初心，也是我毕业后继续做研究的决心，更是我对在座各位同学最真心的祝愿。

心有所信，方能行远。在追寻热爱的同时，我还希望大家都能问心无愧，不忘初衷。2021 年 10 月 24 日，我参加了北大计算机学院的成立仪式。会上，杨芙清院士动情地谈到她 1973 年组织研发第一台百万次集成电路电子计算机——150 机操作系统的艰辛历程。50 年过去了，当今年北大学生在 ASC 世界大学生超级计算机竞赛上捧起总冠军奖杯的时候，超算系统可以在总功耗 3000W 约束下轻松达到百万亿次。这些成就的取得，离不开北大人在"新工科"建设道路上的筚路蓝缕，在"卡脖子"关键领域的攻坚克难。我也在响应号召，钻研高性能计算领域，正在负责一个 GPU 加速大模型训练的课题。

4 年前，戴锦华教授在中文系毕业典礼上告诫我们：小时代是一种错觉和误判，我们生活在大时代，而它并不和平。经过 3 年没有硝烟的战争，我相信这已经成为共识。北大赋予我们追寻美好生活的权利，也赋予我们承担推动时代和社会进步的责任。作为新青年，我们是向着第二个百年奋斗目标进军的中坚力量。祝愿我们都能在热爱里坚守初心，把青春奉献给有意义的事，为社会创造独一无二的价值。

拥抱变化的时代

潘洋洋

（国家发展研究院硕士研究生）

尊敬的各位老师、嘉宾、亲友，亲爱的同学们：

大家上午好！

我是国家发展研究院硕士研究生潘洋洋。非常荣幸能够在这一特殊的时刻，跟大家分享我的一些感想。

回首在北大的校园时光，我感受最深的一个词就是"变化"。

有些变化是有形的，比如家园食堂在传说中的"CBD"之上拔地而起，图书馆东馆、文史楼在精心修缮后焕然一新，东门外和西门外新建起几栋北大标志性的灰色大楼，古朴而又灵动的燕园也向北拓展了新校区。

有些变化则是无形的，比如我们在 3 年疫情中逐渐习惯线上线下相结合的会议模式，在 ChatGPT 的横空出世下隐约触摸到 AI 时代的来临，在实验室、支教团和国际组织的多元体验中重新定位自我，选择追寻热爱。

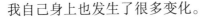

　　我自己身上也发生了很多变化。

　　7年前，作为一名小镇做题家，我从三省交界的大别山麓考入北大。开学报到那天，我们全家人一齐上阵，父母拎着大包小包的行李，哥哥忙前忙后买各种生活用品，我穿梭在俄文楼和宿舍楼之间办理入学手续，满眼望去都是老师和学长亲切的笑脸。从那一天起，我成为父母满怀骄傲却又放心不下的游子，成为这座园子新一批被光环笼罩、精神滋养的学子。后来，每一年开学季，看到稚嫩的新生们，我总会想起自己当年入学的日子。如今，临近毕业，看到朋友圈里"一半在领证，一半在旅游"，我猛然意识到自己即将告别"学生"的身份，也不再是父母庇佑下的孩子，而是要承担起社会公民的责任，甚至也要开始学习如何做一名合格的丈夫和父亲。

　　3年来，作为一名经济学专业的学生，我通常关注的是成本收益和发展效率。2021年的夏天，我在调研过程中听到一个"山海情"般的故事：同样位于三省交界处的黔西南地区，为了实现脱贫致富，计划将整体村居从大山深处搬入新家园。扶贫干部说，易地搬迁不仅是要搬"人"，更重要的是搬"家"。大山外面的住房、道路、医疗等物质条件虽然更好，但对于世世代代生活在那里的村民来说，只有大山里才是家。尊重他们的生活方式和精神诉求，按照礼仪习俗把祖先神灵给"请"到新居，才算是真正的搬"家"。

这个故事给我留下了深刻印象，也让我重新思考脱贫攻坚在经济学之外的意义。云南弥渡县牛街彝族乡是国发院的对口帮扶对象，当地一所中学为继承少数民族文化而开设了特色手工课。为了给孩子们的作品提供展示平台，我们借助国发院校友平台开展爱心义卖活动：手工刺绣的民族风提包、精心雕刻的乐器弦子和木雕吸引了很多老师和校友。义卖活动的销售收入最终全部用于当地学校的建设，老师、同学们还在定制的明信片上写下对孩子的祝福："亲爱的同学，你做的沙包很可爱，阿姨很喜欢！愿你和功夫熊猫一样，长一身本领！"在这类话语中，我又进一步感受到了"搬家"背后的人文温度，也开始学着去思考经济效率背后的社会责任。

这一刻，作为一名 2023 届毕业生，回想起入学 7 年来的种种变化，其实都只是整个变化时代的一个个缩影。从更长的时间尺度来看，原始社会存在了 200 多万年，农业社会存在了约 1 万年，而工业社会只存在了不到 300 年，当下的时代仍然在加速变化。林毅夫老师认为自己是鸦片战争以来追求中华民族伟大复兴的第六代知识分子，而在座的同学则是第七代知识分子。我们生于中国发展最好的时代，最接近实现中华民族伟大复兴的历史时刻。积极拥抱这个变化的时代，努力作出自己应有的贡献，是时代赋予我们这一代人的使命和机遇。

当然，在经历了诸多成长和变化之后，我也意识到还存在很多不变的东西。比如，对于家庭和社会的责任，对于知识和真理的坚守，对真善美的追求，还有对这座园子的不变眷恋和精神守望。北大是我们共同的"家"。不管时代如何变化，前路顺遂或是坎坷，一朝为北大人，便要肩负起北大人对国家和民族的责任与担当。"爱国、进步、民主、科学"，守护好这些北大人的精神高地，就是在守护我们心中那个永远不变的校园。

祝大家毕业快乐！

知责于心，担责于身，履责于行

汪 冬

（未来技术学院博士研究生）

尊敬的各位老师、亲友、校友，亲爱的同学们：

大家好！我是未来技术学院生物学（分子医学）专业博士研究生汪冬。非常荣幸能在这里和大家分享毕业的喜悦，回忆这几年在燕园的逐梦旅程。

习近平总书记曾说过："科学技术从来没有像今天这样深刻影响着国家前途命运，从来没有像今天这样深刻影响着人民生活福祉。"我所在的学院便是教育部批准建设的首批未来技术学院之一，承担着北京大学成为"未来技术革命的发源地、行业领袖的摇篮、高精尖产业的起点与支点"的重要使命。技术革命绝非易事，高精尖产业建设也非一日之功，这些"卡脖子"难题则亟须我们北大师生一个个地解决。

在刚入燕园进行科学研究时，眼前的一切于我而言都是新颖且高端的，正如我的专业名称"分子医学"，它的核心任务是阐明人类疾病在分子、细胞和个体水平的生理病理机制，并通过综合集成将有关成果转化为临床预测诊断、干预治疗的有效手段。我研究的具体方向是细胞应激和稳态调控及其在癌症发生发展中的作用，相关领域国际科技创新竞争异常激烈，我们只有久久为功、驰而不息，才有可能抢占科技制高点，强化国家战略科技力量。作为北大学子，我深感使命在肩。

时刻铭记着"知责于心，担责于身，履责于行"，在园子里我度过了 5 年的时光。回望这些科研岁月，我感叹失败乃常态，成功也不是偶得的幸运，科研之路从来没有轻松可言，在绝大部分时间里我都在排除错误的想法，17 个课题只做出来 3 个。几年来，我在实验室中既听过夏日破晓的鸟啼，也看过冬日深夜的飞雪，带领同门一起在科研道路上摸索前行。北大老一辈科学家的事迹让我坚信"石以砥焉，化钝为利"。终于，经过多年的努力，我解析了细胞感应亮氨酸含量的机制，鉴定了全新的癌症治疗靶点，合成了具有抗癌效果的多肽类药物，在为顺利取得科研突破而欢欣鼓舞的同时，我更骄傲于自己真正地为治疗人类疾病作出了自己的贡献。当然，这些成果的取得既离不开老师的指导与鼓励、同辈的陪伴和协助，也与北大浓厚的学术氛围、良好的科研环境密不可分。

恩格斯说："有所作为是生活中的最高境界。"在面临职业选择时，我深思如何能更好地将我掌握的专业知识应用于产业建设与城市发展，从制度层面更好地推动国家繁荣发展。在和去年参加选调的师兄详细沟通之后，我发现理科博士也可以通过选调去实现自己为民服务的理想。最终我选择成为上海市发展和改革委员会的一名选调生，将小我融入大我，用自己的专业背景服务城市发展改革，用自己的一生去践行为人民服务的初心。选择成为选调生意味着在新的征程上重新开始，但我相信，我在北大钻研的知识技能、锤炼的坚忍意志、培养的家国情怀都会让我将来在自己的工作岗位上尽好一名北大人应尽的职责。

岁月不居，时节如流，恍惚间我们即将迈向人生的下一阶段。正如北大是"常为新"的，未来的我们也将面临新的环境、新的挑战，但我相信，我们拥有的如"好风凭借力，送我上青云"般的远大抱负、"雄关漫道真如铁，而今迈步从头越"般的果敢坚毅、"眼底未名水，胸中黄河月"般的家国情怀，都将使我们"追风赶月莫停留，平芜尽处是春山"。来自不同院系的我们，将共享"北大人"这一身份，与北大同行。

最后，衷心祝愿2023届所有毕业生前程似锦！祝愿所有师长健康快乐！祝愿我们的母校北京大学年年桃李，岁岁芬芳。

坚定直面未来的勇气

张　豪

（城市与环境学院硕士研究生）

尊敬的各位老师、家长、来宾，亲爱的同学们：

大家好！我是来自城市与环境学院的硕士研究生张豪。今天，我想跟大家分享一些我的成长感悟。

7年前，我怀着一颗忐忑的心，来到北大。不出所料，第一次考试，我的3个"金牌"室友就向我展示了什么是天赋与实力，当我还在及格线上挣扎，他们却门门课程得分都是90+。虽然有心理准备，但这个结果还是给了我很大的冲击。在这个阶段，感谢北大的包容，让我能重新思考和规划自己的努力方向。

我来自地理意义上的最小单位，也就是乡村聚落。一路从村里的小学、县城初中、省城高中来到北京大学。成长的经历让我在看待问题时始终不忘乡土视角。因此，城市里的乡村人、城市里的村庄、城市与乡村的过渡区域，成为我最初的专业探索方向。

"民族要复兴，乡村必振兴。"利用本科生科研的契机，我开始接触城中村问题。从初秋到盛夏，只要有空，我就会换乘地铁、公交，再骑着共享单车，穿梭在北京的城乡接合部。我走过了70多个城中村，与不同的社群交流，记录下他们的心声。透过每一个个体的奋斗故事，每一个普通家庭的生活变迁，去探索城乡转型发展的宏大历程。在不停行走和翻阅记录中，我梳理了城中村的演变过程和路径，提出城市规划视角的应对策略，为重塑城乡关系、城乡融合发展贡献了一份力量，也逐步积累起自我认同的勇气。

除了在学业上奋起直追，我也开始争取各种机会，尝试各种挑战：选修了双学位，申请了出境交流学习项目，参加了丰富的社会实践。虽然过程难免磕磕绊绊，但在燕园的日子让我越来越丰满，也让我的勇气越来越充足。

我想，勇气不仅仅是自我激励，更需要传递与延伸。

在学生资助中心老师的鼓励和支持下，我承担起公益项目"燕园携手"的组织工作，召集有经验的学长，通过结对的形式，向大一新生传递支持和勇气。之后，我也在学院担任了2018级本科生带班辅导员，3年辅导员的工作对我来说，既是传递勇气，也是自我成长，让我深刻理解了共情与自省，更懂得做事的分寸与边界。我亦将之视为校园生涯中最值得追忆，甚至是"荣耀"的经历。

　　我高中就读于招收贫困生的"宏志班"。2021年起，我重新以捐赠者的身份加入宏志生公益事业，成为首批捐赠者中少有的在校生捐赠者。未来我将连续十年为"宏志生"公益项目捐款，向更多有需要的人传递温暖和勇气。

　　说实话，面对未来，此刻的我依然有些焦虑。但我想，在汹涌的时代洪流中，个体虽然渺小，然而无数个渺小的个体凝聚起来，也能为祖国的建设献出洪荒之力！我一遍遍问自己：燕园7年，是终于领悟了"谁不是凡人一个"的现实，然后谨慎小心地力求"别混得太差就行"，还是更加自信和勇敢地豁出去，迎接下一个冒险和挑战？

　　我选择鼓起勇气，回到生我养我的西部地区，投身乡村振兴和"双碳"事业，开启新的人生旅程。广阔的西部地区是一片沃土，也是一汪蓝海，7年燕园所学让我有勇气响亮地喊出："作为北大学子，我要回到西部，用我所学建设西部、振兴乡村、回馈家乡！"

　　同学们，未来就在我们脚下。临别之际，我想祝福所有毕业生朋友都能万事顺意，但更重要的是祝福大家永葆不畏不惧的勇气，以此获得一颗踏实、沉着的内心。北大赋予我们的志气、底气与骨气，是我们直面未来的最大勇气，也是我们在未来人生旅途中，永不坍塌的精神支柱。愿我们都能宠辱不惊，勇毅向前；乘风破浪，扬帆起航。

　　最后，请允许我再次感谢燕园7载中遇到的所有人：

感谢父母，托举梦想；

感谢师长，一如既往；

感谢同窗，念念不忘。

各位朋友，未来的日子，如遇风雨，望坚持"选择远方"；如遇山丘，望不惧"无人等候"。希望大家都能"上层楼，相见繁华锦绣"！

毕业快乐！

青春献祖国

张宝玉

（环境科学与工程学院本科生）

尊敬的各位领导，亲爱的老师们、亲友们以及毕业生同学们：

大家好！我是环境科学与工程学院本科生张宝玉。今天，很荣幸能够站在这里和大家分享我的故事。我是 2017 年入学的，在这座园子里过了两年多快乐的学习时光。如果没什么变化的话，现在应该是我读研第二年了，可是我的一切生活都在大三结束时的那个暑假改变了。突如其来的疫情完全打乱了我的学习和生活，整整一个学期都在家里上网课，这让我比在学校时多了一些放松和无忧无虑的时间。那时，每天傍晚我都会去家后面的山坡上看夕阳，想着自己的大学生活马上就要结束了，但回顾起来，总感觉少了一些东西。我爷爷曾经是一名抗美援朝的老兵，他从小就和我讲他参军打仗的故事，所以我一直对部队生活充满好奇，加上恰好了解到北大的师兄、师姐参军报国的事迹，我当即决定参军，到部队去，到祖国最需要的地方去！

我赶在参军体检最后一天回到了北京，虽历经波澜，但还好体检通过了。2020 年 9 月，我成为一名光荣的解放军战士，两年的军旅生涯开始了。部队的生活充实而忙碌，一天中所有的事务都有准确的时间安排。我隶属的部队在辽宁西部的大山里，主要任务是对外防御。所以部队生活稍显枯燥，远没有像入伍的学长们的军旅故事那样精彩，这两年我没有机会紧握钢枪在边疆保卫祖国，甚至出部队大门的机会都不多。但我能做的是锻炼好身体，掌握好自己手里的武器装备，刻苦磨炼打仗本领，坚决完成上级下达的战斗指令。在部队发光发热，尽自己最大的能力去帮助战友，用自己学过的知识去帮助战友了解射击学原理，和他们分享五四运动等的爱国故事。我出色地完成了两年一次的演习大考，开着战车在战场上驰骋，准确到达上级指定的位置，在击毁"敌人"两辆坦克后打退了"敌人"的进攻。消灭所有来犯之敌就是我最光荣的使命。除去这样高光的时刻，更多的是日复一日的训练，磨炼自己的打仗本领；在灯火通明的夜晚站岗执勤，守卫一方安宁；打扫地面和床铺，整理自己的军容风纪，将军人一丝不苟的生活习惯融入生活的一点一滴。在军营的每一个平凡的日子里，我都会做好每一件事。虽然我的部队生活没有《战狼》

里的那样精彩刺激，但这就是我真实的部队生活，是我最为骄傲和自豪的军旅生活的全部。我尽自己所能在平凡的岗位上做到最好，用两年时间做了参军这件我一辈子都不会后悔的事。

两年的部队生活很快就结束了，我又从士兵变成了学生。这两年我离开了原来的生活学习的圈子；错过了与同窗 3 年的室友的毕业告别；学业被迫中断，回到学校后得重新开始学习，需要花很大精力才能赶得上学习进度。虽然经历了很多困难和挫折，但我不后悔，我把我的青春奉献给了国防事业。我认为这正是北大所赋予我们的意义：将自己的青春奉献给国家。从五四运动开始，一代代北大人都将自己的命运和祖国的命运紧紧地联系在一起。"五四"的一声呐喊，中国大地上开启了轰轰烈烈的新民主主义革命浪潮；"两弹一星"元勋于敏服从国家安排，将自己的一生都奉献给了国防事业；疫情来临，武汉告急，北京大学援鄂医疗团队向着危险前进，用自己的勇气和智慧与病魔抗争。不知道为什么，这座园子就是有一种神奇的力量，从我们步入校门的那一刻起，就自然而然地被这座园子为国家为民族牺牲贡献的北大精神所感染，从而就把爱国奉献作为自己的目标。

马上我们就要告别本科生活了：有人要继续读研、出国深造，走上科研的道路；有人要踏入职场，在工作中实现自我价值。未来的路还很长，无论走的是哪条路，北大这个烙印会一直伴随着我们。我们要永远记得以爱国主义为核心的五四精神，在自己的岗位上发光发热，为国家和民族作出更多的贡献！

在北大，我们看见

宁　静

（建筑与景观设计学院硕士研究生）

尊敬的各位老师、各位校友，亲爱的同学们：

大家好！我是来自建筑与景观设计学院人文地理学（景观设计学）的硕士研究生宁静。很荣幸能够在这里和大家分享这个特别的时刻。从明天起，我们将告别校园，走上新的人生旅途。首先，请允许我代表 2023 届全体毕业生向辛勤培育我们的各位领导、老师、亲友致以最衷心的感谢！感谢你们一直以来的教导、关爱与帮助！

回顾硕士时光，难忘燕园草坪上飘扬的歌声，难忘冬日未名湖热闹的冰场，难忘石舫上的彻夜长谈，难忘晴朗日光下红楼临湖的杨柳，难忘学院草图咖啡厅醇厚的咖啡香，难忘午后景观新楼古树下吹过的微风。我们与这座园子，从陌生到熟悉，走过宝贵的 3 年青春岁月，留下不可磨灭的共同回忆，更通过北大这样一个窗口看见不一样的世界。

我们学着看身边——

我们看见承泽园中坑洼不平的道路、无处停放的车辆，看见各个群体旺盛的社会交往和社会活动需求，在一次次与居民的对话中调整设计方案；我们看见了北京市民服务热线所搜集的不同诉求，又以智能化、自动化的派单流程提高工作效率，提供覆盖各维度的城市治理方案；我们看见了脆弱群体的出行不便，从而致力于盲道设计的合理化，也通过实地体验来助力无障碍环境建设。

我们学着看远方——

我们看见祖国西北边疆的景色风光，从生态保护的理念出发，探寻如何进行山水林田湖草沙一体化保护和系统治理；我们看见黄山西溪南村古徽州的小桥流水，通过田野调查和乡村研究，思索如何实现美丽中国建设和乡村振兴的重大战略；我们甚至打破现实的边界，通过VR设备进入虚拟世界的设计空间，测试不同模拟场景下使用者的反馈和体验。

张载先生曾言，"为天地立心，为生民立命，为往圣继绝学，为万世开太平"。生逢盛世，作为当代青年的我们，也得以在这一舞台上施展才干。我们在观察中思考，在思考中行动，做理想信念的坚守者，做社会建设的实干家，承担起在生态文明建设的时代背景下景观设计师的社会责任，也得以真正不愧于北大人炽热浓厚的家国情怀。

在景观自然系统与评价的课上，老师带领我们观察校园中的树种，讲解圆柏雄株带来的花粉过敏。时隔一年，人生的风将那时的花粉缓缓吹落到现在的我的肩上。毕业之后，我将以中央选调生的身份，去往国家林业和草原局，去回答"在哪种、种什么、怎么种"的国土绿化课题。而和我并肩站在这里的2023届毕业生们，也将在各自的岗位上努力奋斗，深耕各自的人生课题，以期交出自己那一份让母校满意的答卷。

离别之际，万般不舍。衷心祝愿培育我们的母校蒸蒸日上、桃李芬芳，祝一路陪伴我们的老师、亲友们身体健康、工作顺利，也祝我们自己看遍山河万物，不忘来时初心。

毕业快乐！

从北医出发，在祖国最需要的地方绽放青春

熊畅贤

（基础医学院硕士研究生）

尊敬的各位老师，亲爱的同学们：

大家好！我是基础医学院硕士毕业生熊畅贤。非常荣幸能够在这里发言。

我的家乡是贵州省毕节市纳雍县曙光镇联合村新洞子组。通常来讲，地址越长，地方越偏。我的家乡，就是在这样一个偏僻的小山坡上。初来北医，高手如林，我也曾陷入"卷"绩点的漩涡中无法自拔。求学路上，无数次追问自己的价值究竟在何处。在参军入伍的磨炼中，在国庆游行方阵"团结起来，振兴中华"的呼号中，在决定回家乡服务当地的选择中，在与时代共振的脉搏中，我终于知道了怎样做才算是合格的北医人。

2014 年，我通过国家贫困地区专项招生计划来到北医。2016 年，我选择应征入伍，成为一个兵。

带着北大医学人的光环去到部队，本想着大家都会"捧"着我。然而，到那后才发现，因为自己身体太瘦弱，很多训练对我而言都非常困难。尽管练习的时候把手甩脱臼了好几次，但在手榴弹投掷的科目中我总是不合格，一次次的失败让我一度质疑自己的能力。直到在一次训练中，班长对我说："你是北大的，还是学医的，一定要为大家做出榜样！"这句话激励了我，我抓住休息的时间去训练，比别人多付出十二分努力，成绩终于合格了。后来在所有的训练和任务中，我都以北大医学人的标准要求自己，别人不愿干的我来干，别人干不了的我来干。在新兵营训练结束时，我由于表现突出，被评选为四名标兵之一。正是这份北医人的勤奋、务实，陪伴我度过了两年的军旅时光。

有一次，我们在训练时突然接到一个协助排爆任务。当时我心里非常害怕，但想到军人的职责和北医人的担当，我迅速冷静了下来，和战友们一起，刨出弹坑、引爆弹药，顺利完成了任务。在部队的第一个除夕，我在哨位上看着营区外的万家灯火，内心感到非常笃定和温暖。正因为战友们一起，用行动去诠释"清澈的爱，只为中国"，才有这繁华的夜色。

退伍回校后，我非常荣幸地参与了庆祝中华人民共和国成立70周年大会的群众游行活动。2000多名北大青年，经过100多天刻苦训练，在"凝心铸魂"方阵中，用最标准的动作为祖国献上最诚挚的生日礼物。在建党百年的历史时刻，我又在天安门前见证了北大青年喊出"请党放心，强国有我"的铿锵誓言。从小山村到大都市，从练兵场到天安门，每一个与祖国同频共振的时刻都令我心潮澎湃。

临近毕业，我也和所有毕业生一样迷茫过。很多人对我说："你家里穷，应该抓住名校的光环，去多挣点钱。"而我想，受益于国家教育扶贫的政策，我才得以走出大山，走进北大医学的殿堂。因为响应了祖国的号召，我才能在一次次的磨炼中不断成长。我的经历告诉我：北医人的光环，不在于收入有多高，而在于贡献有多大。最终，我放弃了某企业给出的丰厚年薪，选择到家乡去，到基层去，到祖国和人民最需要的地方去。我选择成为一名贵州选调生，扎根基层，去读懂中国。我将以不懈的斗志去担难、担重、担险，去乡村振兴一线奋力拼搏，去大山深处践行青春诺言，用实际行动续写北大医学人的奋斗篇章。

感谢家长的默默支持，感谢恩师的辛勤培育，感谢同窗的温暖陪伴，是你们让我有底气讲好自己的故事，讲好北医青年的故事。青年的心跳和着世界的节拍，青春的脉搏与时代的未来同频共振。我们从这里出发，让世界听到、听清响亮的北大医学声音！举目起壮志，荡胸生豪情。北医人勇挑重担，冲锋在前，以青春之我建设青春之国家，将厚道精神与民族复兴的蓝图紧密相连！